关键抉择

华人家族企业的发展路径

郑宏泰
高皓——著

人民东方出版传媒
东方出版社

序　言

　　古今中外，家族企业要做到既有传承又可超越，总是殊为不易。长久以来很少有人敢于轻言接手，扛起重任。社会总会将传承贴上负面标签，从各个维度上施加压力：如果接班后企业表现突出，会被看作理所当然，是上一代为其打下坚实根基所致，实属"前人种树，后人乘凉"的自然结果；如果接班后企业表现并不理想，不论内外因素为何，下一代都会成为众矢之的，被指责败坏家业。

　　尽管如此，基于对父辈血汗结晶来之不易的维护之心，同时怀抱对下一代的呵护之情，无数家族后代仍然持有"明知不可为而为之"的心态，在血脉、情感、使命感和责任感的驱使下，薪火相传、克绍箕裘，衣带渐宽终不后悔地为家族企业的持续发展默默贡献，哪怕不时会遭受人前人后的批评和误解。

　　家族企业的发展之所以崎岖曲折，传承问题之所以复杂困难，是因为家族企业这类特殊组织，既牵涉到商业及经济运作逻辑，又纠缠了社会与文化的多重关系，尤其混杂了家族与企业之间的利益和矛盾，更不用说不同家族成员在家族及企业中身份角色的重叠，引起或明或暗的冲突，以及由此导致家族企业战略方向和实施路径往往南辕北辙。家族企业虽然具有强劲发展动力的一面，但同时也有多重关系纠缠复杂的另一面，无论是家族成员，还是社会大众，都不应等闲视之。

正因为家族企业有别于其他企业单纯的盈利目标、单一的发展方向与清晰的管理授权，而是关系极为复杂，经营目标、发展方向与管理模式因为家族所处生命周期而有所不同，至今学术界仍在孜孜以求，探索其内在规律。

正是基于对家族企业的深入认识，同时怀有对家族企业"爱之深、责之切"的情怀，我们挑选了多个在香港地区极具特色和代表性，且在发展过程中面对诸多挑战的家族企业案例，进行了多维度研究分析，剖析家族企业传承这个一直困扰业界、学界乃至经济社会发展的问题。

虽然目标清晰、立志高远，但要结合不同家族的特殊发展背景，与香港地区乃至国际时局波涛汹涌的变化，将相关案例真实而立体地展示出来，绝非一件易事。面对这项挑战，我们碰到了不少困难和障碍。幸好，在各界友人及机构的鼎力协助下，这个艰巨的研究项目最终得以完成。

需要指出的是，本书繁体版（书名为《可继之道：华人家族企业的发展挑战与出路》）由香港中华书局出版，该书采用学术风格，各种考据和注释较为精细，读者有兴趣可以拿来参考。不过考虑到学术风格对于业界读者而言会显得枯燥乏味，促使我们在出版简体版时从通俗易懂的角度入手，因此便有了经多番心血修订、剪裁的本书。以下人士及机构在不同层面上给予我们很多帮助，两位作者在此致以最衷心的感谢。

感谢香港中文大学副校长张妙清教授和清华大学五道口金融学院常务副院长廖理教授、副院长周皓教授。他们的大力支持，让我们能够全心投入本项研究之中。

感谢知名华商领袖、金光集团董事长黄志源博士。黄博士不但作为第二代家族领袖带领金光集团"做大、做强、做富、做久"，成为广受赞誉的世界级企业，而且常年资助我们不断开拓家族企业领域学术研究的新疆界，每次脑力激荡的探讨交流也总让我们有新的研究灵感。如果没有黄博士的远见卓识和慷慨捐赠，我们难以完成本书这样高质量的原创性研究。

感谢碧桂园集团主席杨国强先生、联席主席杨惠妍女士、董事陈翀先生。碧桂园不但跻身世界500强，成为中国民营企业的标杆，而且不断开拓新的产业方向，在教育、农业、机器人等新兴领域实现转型升级。如果没有国强公益基金会对教育事业及科学研究的大力资助，我们很难对华人民营家族企业进行深入的开创性研究。

感谢《家族企业》杂志的社长李佩玉老师、总编辑金碚老师、出品人王立鹏先生、副主编杨品文女士。我们得到他们的真诚邀请，在《家族企业》上发表专栏文章，刺激了我们笔耕不断、坚持研究。正因如此，本书中大部分文章，曾在该杂志上首次刊出，部分内容日后更在国际学术会议上获得发表，在此真诚地鸣谢。

另外，我们还要向研究助理张晶及梁海琪表示感谢。为了搜集有关的资料，他们不断在各地的图书馆、档案馆或政府有关部门之间来回奔走，对着那些老旧的报纸或微缩片，逐点逐滴地筛选寻找出有用的数据。正因为他们耐心的工作和不断的努力，本书内容才能如此充实，情节才能如此完整。

同时，我们也要感谢李洁萍、郑心翘、陆观豪、叶嘉伟、黄少博等在不同时期阅读书稿，给予不少宝贵意见和帮助，令本书的内容更为丰富、详实。至于黄绍伦教授、孙文彬博士、周文港博士和梁佳俊博士等在不同层面的支持和协助，亦令我们感动，在此一并致以衷心谢忱。

另一方面，我们要向香港中文大学图书馆、香港大学香港特别资料藏馆、香港历史档案馆、公司注册处及香港高等法院遗产承办处等机构表示感谢，因为如果没有他们提供的各种宝贵数据，这项研究的成果实在没可能如此丰富充实。当然，我们还要向诸多不愿透露姓名但又曾经直接或间接施以援手的人士，致以真诚谢意，感谢他们耐心的分享和无私的奉献。

虽然获得各方的大力帮助，但我们仍因没法完全掌握社会的急速转变、历史的曲折漫长、企业的兴衰传承和人生的顺逆起落……本书不可避免将存在糠粃错漏，对于某些疑而未决、模糊不清的地方，我们虽然努力求证，但仍没法做到完美无瑕，在此我们真诚地希望读者有以教我，指正批评。

　　如对本书有任何意见，请致函郑宏泰（香港沙田香港中文大学
香港亚太研究所，vzheng@cuhk.edu.hk）或高皓（北京市海淀区成
府路 43 号清华大学五道口金融学院，gaoh@pbcsf.tsinghua.edu.cn），
直接与我们联络。

郑宏泰　　　高皓

香港沙田　北京清华园

目
Contents
录

第一章

华人家族企业：传承与超越的探索

- 华人家族企业发展形态独特，主要与历史背景及文化基因相关。
- 华人家族传承的核心要素：重视血脉，同时强调诸子均分。
- 走向现代化不能"全盘西化"，应切合自身历史与文化的底蕴。
- 华人传承接班流程分为四个阶段，存在制度安排和自身节奏。
- 本书通过多个案例分析比较，揭示华人家族企业传承与超越的路径。

华人家族企业永续发展与超越的思考

各国历史研究不约而同地揭示，家族企业是人类历史上发展最久、韧性最强的组织模式之一。家族企业之所以具有特别顽强的生命力，是因为无论组织上还是经营上，都具有某些先天的独特优势，例如结构简单、上下团结、高度互信、具有福祸一体的意识等。但是，进入现代社会的 200 多年间，尤其是资本主义兴起之后，这种模式的企业却受到严厉批评——华人社会的批评尤其严重，"家族企业落后迂腐，一无是处，应被抛进历史的垃圾桶"。这种认知上的误区，使得不少家族企业的创办人，不愿以家族企业面目示人，而总是琵琶掩面、辗转回避。

在中国社会，家族企业给人留下负面印象，经常被认为落后守旧、资金薄弱、人事复杂。民间谚言"富不过三代"说的就是家族财富聚散无常，难以长久。有些家族成员会觉得"家族企业"是不光彩的代名词，想方设法要"去家族化"，更改家族色彩。其中最常见的做法就是在企业品牌和管理模式上入手。然而，我们同时又会发现，西方公司治理所高度强调的"所有权与经营权分离"，在华人社会却总是难以真正落实，即使落实也往往走形变调。

家族企业的战略、治理与传承理论是否如自然科学理论一般，放诸四海皆准呢？在跨文化研究中，一个显而易见的问题是：全盘引进西方治理容易引发水土不服、衣不称身，令企业运作与经营出现许多不协调的地方。为什么会如此呢？这就引出了在探讨华人家族企业发展时应注意的两大核心问题：

一、在中华文化中，到底是家族更重要还是企业更重要？

二、在中华文化中，到底是家族更长寿还是企业更长寿？

全面透彻地回答这两大问题，有助于华人家族企业在传承中实现超越，书写全新发展篇章。

中西文化差异与企业发展特质

在华人社会，以上两个问题的答案应该都是"家族"，但在其他民族和文化中则不一定。为了系统回答以上问题，我们不妨从对中西社会财富观念和不朽观念的"简单比较"入手。

首先，在财富观念方面。我们都知道，在古代帝制的中国，长期采取抑商限商的"官本位"政策，而社会分层制度亦是"功名挂帅"。营商做买卖，则被形容为"贱丈夫"。虽如此，中华文化也并非完全否定财富本身，也不否定追求财富的努力，所以便有"仓廪实而知礼节，衣食足而知荣辱"的说法。我们的祖先只是认为应该在财富之上，追求更高和更重要的功名与道德。究其背后的原因，则是希望子孙在各个领域均能光宗耀祖，成为人中龙凤。

在古代西方社会，同样强调贵族、士绅及传教士的崇高社会地位，视商人为下等人。他们对财富的看法，则可谓十分鄙夷，甚至觉得追求财富是一种罪恶。例如《圣经·马太福音》便有"你们不能又事奉神，又事奉玛门（财富）""富人进入天堂，比骆驼穿过针眼还难"等训言，将拥有财富同获得神的恩典相对立。西方贱视财富的观念，与中国文化呈现出了巨大差别。

到了 16 世纪，马丁路德提出了宗教改革，基督新教随后兴起，财富及救赎观念发生巨大变化，追求财富不再被视作带有罪恶的行为，而却变为获得神的眷顾，甚至是神圣"召唤"的印记，是死后获得救赎的重要凭证。所以社会学巨擘马克斯·韦伯才有了如下论断："新教徒全心全意打拼事业、积累财富的价值伦理和操守，是现代资本主义兴起动力源泉。"由此引申出来更重要的问题是，人所追求的，除了财富、权位、幸福等事物，还有更核心的永生（或称"不朽"）问题，而这个问题在中西社会具有显著的差异。

简单来说，西方基督教强调的是个人"救赎"，是个体与上帝的关系，而非家族。他们认为今世不重要，更重要的是得到上主的恩典，进入天国（即与人世截然不同的另一国度），与神同在，得享永生喜乐。我们可称之为"救赎至上"的文化。在中国文化中亦有"天廷"一词，但没有天堂的观念；虽有永生之想象，但称为"不朽"；而天廷与当世并非对立，能够互通。不朽的观念更是留在当世的，并非个人独在，是与家族相伴相随的。

进一步说，中国人的不朽观念有两种：一种是精神的不朽，另一种是普通的不朽。精神的不朽又称"三不朽"，即古人叔孙豹所说的"立言、立功、立德"。利用这些行为，个人的名声德行可以千秋万代，留在人世，永垂不朽，所以今天我们还谈孔子、说老庄。

当然，对绝大多数人而言，要做到"三不朽"并不容易，反而是普通的不朽更容易实现。所谓"普通的不朽"，就是家世传袭，即一代传一代的血脉延续。所以钱穆说，"儿女的生命里保留了父母生命之传统，子孙的生命里便保留了祖先生命之传统。"这种世代延续，就是不朽，这种安排可谓合乎自然规律，直接解释了为什么中国传统特别强调"不孝有三，无后为大"——因为无后不但意味父母失去了年迈时的奉养，也打断了中国人追求生命不朽的连贯。

相比西方社会特别重视教堂，追求个人与上帝的关系，中国人则特别重视祠堂，追求家族关系。其中的根本原因在于家族是"普通不朽"的重要基石和延伸。更重要的是，中国文化特别强调对祖先的拜祭，视死如生，连祭品也与现世关系密切，例如金银衣纸，甚至纸扎的房屋、名车等，可见中国文化世代之间血脉关系强烈，所以历史学家黄仁宇说"中国人在血缘关系里获得永生"。我们可将其称为"血脉至上"的文化。

由于中国文化重视家族与血脉，所以特别强调沿着血脉的传承与延续，而继承上又采取诸子均分的方法。这样的价值追求与制度安排，很自然地会在家族中产生两种截然不同的力量：向心力与离心力，使得家族及企业的发展呈现出特殊的形态。

简单来说，由于重视家族血脉，严分内外，因而便会刻意避免家族财富落入外人之手，所谓"肥水不流外人田"。而企业发展或管理上所展示出来的最直接形态，则是强调家族控制，所以西方公司治理中"所有权与经营权分离"的原则相对难以实行。究其根本原因，则是担心如果管理权不再由家人掌握，便会出现控制权旁落的忧虑，担心父辈打下的江山为外人所夺——而这样的结局，长期以来被视为是耻辱，犯了家族的大忌。当某个家族企业不再由家族控制时，就算企业发展得再风光，在家族中人看来，也会变成"酸葡萄"，只会落得"与我何干"的酸楚。因此，家族内部会生发一种强烈的向心力，以最大的力量保持企业发展和家族控制——而两者权衡，自然是将家族利益放在最高位置上。

另一方面，华人社会又采取了诸子均分的继承制度——这种制度背后的原因，直接反映了对血脉的强调。按照诸子均分的原则，在分家传承时，凡是父亲所生的儿子，无论人数多少，不分长幼强弱，均有不容排拒剥夺的财产继承权利。而诸子均分的机制，很自然会滋生离心力，使得家族和企业走向分裂——尤其会出现父辈辛苦积累的财富，到儿辈越分越少，孙辈再分更少的局面。家族人口的增长速度，超过家族财富的增长速度——这意味着家产越分越少，每一位子孙后代变得相对更加贫穷。

华人家族中长期同时存在着向心力和离心力，这两股力量是塑造家族企业发展的重要因素。一般来说，当大家长能够有领导权威时，能够号召家族成员同心协力、积极打拼——此时向心力大于离心力，或是离心力可以得到有效遏止，企业得以不断发展。反之，如果大家长的领导权威丧失，例如大家长去世，再如子女们已成家立室，自立门户之心强烈，又如子女本身已经儿孙满堂（第三代）——这时离心力便会大于向心力，从而使家族走上分家析产、分道扬镳的发展道路。

但是，分家并不表示华人家族企业模式走向衰亡，也并不意味着经济上没有发展动力。我们认为，强调诸子均分的文化，会促使家族及企业内部进行直接或间接的竞争——因为分家的安排，很自然就产生了不同家族分支相互比较的标准，从而促使各房各展所长、互相比拼。民间有"分家三年显高低"的说法，正说明了分家其实是刺激竞争的重要因素，而竞争又是经济发展的动力源泉。从历史上看，华人主导的经济体，在外部压力减弱时，发展动力更为充沛、源源不绝。

一个不争的事实是，分家之后各房的财富与父辈相比较，或许有所不及，但如果把各房的总数加起来，往往过而有之。同时，单一产业的发展，起落盛衰的波动性更大，而新创的企业或其他投资，往往没有包含在最早创立的本业中。香港世家大族（例如何东家族、利希慎家族、李石朋家族等）数代间分家后的发展状况，就是最好的案例。

如果我们把中国人的传承制度与分家问题与日本相比较，更会发现文化基因的巨大差异。简单来说，中日虽同以父系传承为圭臬，但日本更重视家名（家业）的延续，反而血脉被排在第二位。这与相信"个体生命短暂，而家业则可长存"的信念有关，从而选择了以个体融入组织的途径作为不朽的努力。所以日本人并没有"断香火"的观念，也不追求百子千孙，更不把"绝后"看得如中国传统这样严重。但反过来，他们最担心的是"绝家"——即失去了赖以生存的基础（家业的丧失）。他们认为如果家业尚存，即使没有血脉，也可以通过养子或婿养子弥补，从而好过"绝家"。因此，日本人采取单子继承制度，以确保家业长存。我们称之为"家业至上"的文化。

正因为中国采取了"诸子均分"的继承制度，而日本则采取"单子独享"的继承制度，社会行为和企业形态展露无遗：

一、中国有家产和企业不断分裂的问题，日本的家产和企业则可长期保持高度集中；

二、中国家族诸子之间竞争激烈，不少人会另起炉灶、自立门户，而日本是单子独享，其他儿子或养子进入别人的企业打工，儿子间的竞争并不激烈；

　　三、由于重视血脉的关系，在中国养子或女婿往往被看作外人，地位不高、信任不强，但在日本，由于血脉并非最重要考虑，养子及女婿也可继承企业，所以地位不低、信任不弱。

就家族企业的结构及形态来说，因为诸子均分、重视血脉，中国的家族企业发展有如榕树般的模式：叶茂枝繁（即子孙众多），气根接触地面可长成树干（即自立门户），树干纵横交错（即亲属关系复杂）——既互相扶持，又互相竞争，在土壤和气候良好的地方，一棵榕树可以长成一片树林。在香港，罗鹰石家族和罗桂祥家族等世家大族就是最好的案例。

相对而言，日本因为单子独享、血脉次之，未能获得继承权利的其他子女，必须离开家族（本家）。就算是皇族的公主王子，如果不列在继承名单上，就要成为平民，离开皇宫。这种情况在中国人看来简直不可思议，所以有学者将日本的家族企业形容为如竹子般发展：甚少分枝，由头到尾单干生长，所以可以传承至数代或数十代。必须指出的是，血脉并非日本文化中最被重视的因素，学者陈其南和邱淑如十分深刻地总结：日本人的家"像是一根竹子笔直地生长，外壳非常坚硬，内部却空空如也，没有血缘的内涵。"

正因如此，我们不难发现，无论是在创业精神、企业发展、公司治理，乃至家业传承上，中国人在某些地方特别执着，并展示出了某些与众不同的企业组织及治理形态——西方公司治理的基本原则"所有权和经营权分离"，在华人家族企业中便很难实行；又如日本常见百年甚至千年企业，但中国却是"富不过三代"。问题的核心，其实是"血脉至上""救赎至上""家业至上"这三种不同文化基因所致。

如何在继承中实现超越

改革开放 40 多年来，中国的综合国力不断提升，成为 GDP 仅次于美国的全球第二大经济体，摆脱了过去近 200 年贫弱困顿的格局。"中国模式"更引起不少国家瞩目。尤其是发展中国家，希望学习中国经验。而此时的中国民营家族企业，也必须开始思考未来应何去何从，才能更上一层楼，真正与世界接轨，实现可持续发展。

我们在思考华人家族企业发展前路时，必须做到知己知彼，先从自身发展特质与文化、宗教信仰及地理环境等因素入手，再思考其他文化中家族企业的发展特点。只有通过全面客观的理性反思与检讨，才能真正做到取长补短，立足自身的优势和特长，同时可以更好地吸纳别人的优点，为我所用。

世上任何文明古国，在经历了数千年岁月的洗礼后，必然会磨炼出独特的韧劲，但也难免遗留一些糟粕。在走向未来的过程中，必须做出多方面的自我检讨与完善，尤其应该有其自我完善的机制，既不自骄自满，也不妄自菲薄；既需有包容开放胸怀，也要有积极创新意志。只有这样，才能让自身文化保持活力，不会僵化，更不会孤芳自赏、故步自封。

信奉基督教的欧美国家，率先在 17 世纪踏上了现代化道路，凭借现代化释放出来的巨大力量东征西讨，在全球进行史无前例的殖民扩张、资源掠夺，使得不少未能及时走上现代化道路的国家和民族沦为殖民地、半殖民地，甚至被消灭。一直自诩拥有五千年文明的中国，同样因为太晚才踏上现代化道路，招来西方强国欺凌侵扰，战败后签订了不平等条约、割地赔款、开放通商口岸等，由过去处于世界政治中心沦为边缘。西方的殖民扩张，加上贸易、宗教、教育、娱乐、消费，以及文化艺术等向全球散播，"现代化"笼统地被称为"西方化"。

在接下来的岁月中，无数国家或民族为了摆脱被侵略、征服和奴役的命运，掀起了一浪接一浪的民族独立自强运动，力求从学习西方中壮大起来。不断受到西方强国欺凌侵扰的中国，也曾在痛定思痛下展开多场规模庞大的西化运动。但是结果总是差强人意，并因多番挫败而涌现一股否定中华文化的声音，认为只有全盘西化才是出路，民族才能复兴。可惜，就算是全面照抄西方的所谓"全盘西化"，也不是最终的出路。

经过连番摸索后，我们最终体会到现代化并不等同西方化。全盘照搬西方的结果，只会令自己焦头烂额，与现代化背道而驰。这是因为任何不是基于自身文化、历史、环境及社会底蕴的变革，都是"不接地气"，水土不服。晚清著名学者辜鸿铭的一段话，可谓醍醐灌顶：

> 洋人绝不会因为我们割去发辫，穿上西服，就对我们稍加尊敬的。我完全可以肯定，当我们都由中国人变成欧式假洋人时，欧美人只能对我们更加蔑视……只有当欧美人了解真正的中国人——一种有着与他们截然不同却毫不逊色于他们文明的人民时，他们才会对我们有所尊重。

一方面，我们不应重走别人的路，也不可否定西方社会在推动现代化中取得的成就，作出的示范。正因如此，当我们在回顾自身的发展经历后，更应肯定学习他人所长的重要性。另一方面，我们必须对自身传统文化与价值观念等有深入透彻了解，更应有一定的文化自信。只有立足于这种基础或原则的文化自省，才能抛弃那些窒碍发展的文化渣滓，在更宽广的道路上走向成功彼岸。

就家族企业而言，由于中国文化强调"血脉至上"，所以必然会滋生出家长制（父权主义）、严分亲疏内外，甚至产生父系传承、重男轻女等问题。这种价值观与现代社会的运作逻辑格格不入，甚至互相排斥，必须加以摒弃或调整。例如，重男轻女的做法，有违于男女平权的现代社会原则，应该加以调整。再如，家族企业中严分亲疏内外，必然会产生过度重视家族利益，窒碍企业吸纳外部专业人才，也不利于国际化，所以家族企业必须重视发挥职业经理人的重要作用，不分亲疏内外，应让能者居之。

尽管"血脉至上"是中国文化的基因，但却不能让它成为窒碍家族及企业前进的绊脚石。开放胸怀之余，亦要有文化醒觉，辨别糟粕精华，做出睿智筛选。现代经济制度，如公司治理、资本市场、家族信托等，能够使得家族企业制度化、透明化与权责化，在全球化时代创造突破与超越的机会和空间。

弢迹匿光的接班安排

家族企业要继续前进，传承和接班安排是最为重要的一环。稍有不慎，就会跌落家族和企业走向衰亡的深渊——家族传承，是家族企业最为脆弱的时刻。粗略审视当前香港的世家大族，不难看到，自香港开埠以来近 180 年间，存在很多富过数代且仍然十分显赫的案例。这说明，尽管家族传承困难重重，仍有不少家族能够找到科学规律，发现解决问题的钥匙。

大量研究指出，与欧美家族企业相比，华人家族缺乏全面周详的传承接班安排。到底为何这些学者会得出这样的结论呢？一方面，可能是过去关于华人家族企业接班问题的讨论比较少，而仅有的分析，基本结论都指向了缺乏计划、安排欠妥。另一方面，可能受中国文化重视家族、强调关系、表达含蓄等影响，家族企业在安排接班时，通常会采取非正式的安排，而非西方管理学所强调的正式制度。在深入研究华人家族企业的接班问题后，我们发现，在华人社会，无论是对于接班人的挑选、开始接班的时间，还是家族责任和管理权的逐步转移等，一般都不会白纸黑字地形成决议，而是在公司内部做出宣告，或带领继承者出席生意或社交场合，让合作伙伴们知悉。在这个过程中，利益相关方已心照不宣地接收到传承信号——谁是继任人、接班已达到何种阶段等，从而做出配合。

正是由于华人家族企业的接班安排是非正式的，一般不会说得清清楚楚，更不会画出路线图，甚至定出一个期限与完成目标。因此，在田野调查中，如果询问家族企业的领导能否正式布置接班传承计划或安排时，多数会直截了当地回答"没有"。但是，当有家族第二代进入公司参与业务时，公司上下自然会意会到传承接班的培训与考验已经展开。

从不同数据看，不少年代久远的家族企业，对于培养下一代继承接班的问题，一直都是珍之重之的头等大事——家大业大、子女众多的家族，其筹划与思考更是特别谨慎。严格而言，其接班安排，甚至早于安排接班人进入家族企业工作之时。深入考察世家大族传承接班安排，可发现家长们其实自小就向子女灌输长大后必须继承家业的意识，即如教导子女必须孝顺一样，尤其会强调家族与企业是命运共同体、荣辱与共，在潜移默化间提升子女对家族及企业的认同感、责任感与忧患意识。

到子女进入学校学习知识——尤其是进入大学后，父母往往会按子女的兴趣、抱负与家族及企业发展的实际需要，就子女们选读何种科目、学习哪门专长，乃至发展哪些人脉关系等，做出谋划。这种做法，既可达到学识与专业方面的多元化，又可令子女之间取长补短、互相依傍，更重要的是可避免子女日后向家族企业或同一专业挤压，不仅化解潜在内部矛盾，更可减少发展风险。

更加值得注意的是，世家大族的家长一般不会在子女学有所成后，立即安排他们进入家族企业，而是会鼓励或要求他们到其他公司（往往是跨国大公司）工作，了解那些世界级企业的运作及管理等优势。背后的思考，除了希望子女日后加入家族企业前可以"偷师"，学人之长为我所用，亦是希望子女在别的公司接受磨炼，当他们无论待人接物，或是处事管理等变得灵活成熟，才让他们回到家族企业。至于其他因素例如在别的公司中多见世面，甚至是建立人脉关系等，亦属重要的前期接班安排。

如果不是安排子女到别的公司先"打工"，则会要求子女在加入家族企业之初由低做起，即是先从低层职位做起——哪怕他们通常拥有很突出的学历与专业，并会要求他们在不同岗位与部门轮流工作。其中的重要考虑，除了希望接班一代对企业的不同层面有全方位的掌握，了解企业文化，更是希望他们能与公司上下打成一片，明白不同员工的强弱优劣，然后可以知人善任，甚至能在工作中建立属于接班一代的新班子，便于日后正式接班时的管理。

就算是安排接班一代进入公司管理层，很多时候也不会如西方社会所预期，一进入公司即全盘接班，而是会先让接班人在中层管理岗位上任职一段不短的时间，经历一连串考验与学习，了解企业运作情况，等时机成熟后，才会全面接班。鲜少会如坊间描述般，在进入公司后很快便担当重任，登上最高领导之位。除非是公司出现重大危机与变故，例如家长突患重病，失去管治能力，或是惹上官司是非，失去自由等。较为普遍的现象，是让接班一代在不同中层或中上层岗位中不断磨炼——短则三五年，长则十多年，甚至二三十年，直至交棒一代重病或去世，接班一代才能"扶正"，真正完成传承接班进程。

一个不争的事实是，在华人家族企业，以上各种接班的内容与安排，没有时间表，没有路线图，多是凭着家族领导个人主观的评估，摸着石头过河。也因此，华人家族企业未能呈现一套有系统、有计划，或是较为公开透明的传承计划，也因此招来西方管理学界的批评。

尽管如此，如果我们从华人家族企业接班实质行动中看，则不难发现华人家族企业确实具有传承接班方面的应对，只是其安排方式不会公开宣布，所以较为隐晦，不易让外人察觉而已。事实上，如果我们综合华人家族企业非正规或者说非白纸黑字的传承接班过程，则不难发现其具体行动可划分为四个阶段（见表1-1）。

华人家族企业接班的第一阶段，一般可视作酝酿或筹备期。主要特点是培养接班人对家族企业的兴趣、责任感或认同感，并要求或游说他们在进入大学求学时，修读与家族企业相关课程或到相关企业实习，以期他们学成后为家族企业做出贡献。第二阶段，是进入家族企业实习或实际接班期。即是开始在家族企业中担当职位，

表 1-1　华人家族企业接班的四个阶段与特点

接班阶段	阶段划分	接班重点	时间长度	阶段特点
第一阶段	酝酿筹备	培养兴趣、企业责任与家族认同	接班人出生至大学毕业（约20年）	接班人对企业开始产生兴趣、责任感和使命感
第二阶段	实习与锻炼	下一代开始进入家族企业担任实职岗位，在不同部门轮岗，参与决策	接班人进入企业初期（约15—20年）	工作表现优秀，能够掌握整个集团运作
第三阶段	管理与领导	下一代升为业务单元主管或集团副总，独立负责重要项目	接班人进入高管层（约10年）	带领企业不断发展，取得成绩，建立领导权威
第四阶段	全面接班	下一代出任集团领导，但父辈仍有实质影响力	接班人出任最高领导（约5—10年）	父辈因健康原因失去自主能力，直至去世

或是在不同部门中轮岗工作，甚至会在不同决策链中参与讨论或决策，让计划接班一代对家族企业的发展有更具体和深入的了解。第三阶段，是接班一代担任主要管理与领导时期。在这个阶段中，接班一代基本上已完成统筹实务管理，或是已晋升至家族集团的总经理之职，负责企业的主要领导与营运，但在其职位之上，仍有计划交棒的父辈在监察着，所以在重大事情上仍要向父辈请示。第四阶

段，则是已经完成整个接班的时期。因为创业者已逝或因健康问题失去自主能力，不再对企业有影响力，所以不得不结束主席或高级顾问等职位，让接班一代有了治理企业的全面权力。

在华人社会，虽然不少家族企业对传承接班的安排小心翼翼，而且在每个环节均有一番思考与铺垫，但却因为习惯上不喜欢定下白纸黑字的条款与机制，更遑论会向外做出正式公布，因而不易为外人察觉，甚至连家族成员多数亦误以为无。至于接班的进程、成效评估、检讨机制等，既无统一标准，更无具体举动可循，很多时候只靠交棒家长的主观感受和判断。

以上种种情况，显示华人家族企业的传承接班，确实没有西方社会般正规化、公开透明化，所以令问题变得神秘，甚至给社会一种缺乏计划、只凭个人喜好做出安排的印象，尤其当家族内部爆出纷争矛盾时，便会将问题推到传承接班不妥当、欠完善的问题上。

但是，华人家族企业的传承接班安排虽然异于西方，却绝不等于华人家族企业缺乏传承接班安排。相反，透过细心观察及深入的案例分析，不难发现华人家族企业其实同样有一套接班系统。只不过因中国文化避忌将事情说得太直接，怕让人觉得僭越，不合礼数：如儿子何时晋升、父亲何时移交权力、父亲何时全面退出等，很多时候是应家族生命周期与社会环境的转变而做出配合与调整。由此可见，影响传承安排的核心因素，说到底是重视孝道和强调伦常的文化因素。而中西方的不同，不过是折射了彼此文化与价值观念的差异而已。

由是观之，说华人家族企业缺乏接班计划，明显并非事实全部。准确地说，并非所有家族均缺乏接班计划，或是说其接班计划与我们所了解的有出入，甚至并非我们预期中的肉眼能见。到底华人家族企业的传承接班有何特质呢？背后揭示了何种文化色彩呢？

深入案例的分析和思考

对于华人家族企业别具特质的发展模式与截然不同的前进轨迹，社会上泛泛而谈、人云亦云者多不胜数，鲜有深入和科学的分析。本书根据我们对华人家族案例的深入研究，抛砖引玉地做出初步尝试，尝试填补学术界在这方面研究和探索的不足。

在接下来的篇章里，我们将以郑裕彤家族及廖宝珊家族为例，说明家族企业前进的路并非单程，或只能往一个方向走。如郑裕彤家族掌控的新世界集团与周大福珠宝，传承道路虽然充满曲折，当中间有倒退甚至以双轨并行，但始终由家族控股，血脉相连。而廖宝珊家族选择去家族化，将旗舰家业廖创兴银行与家族切割，然后待价而沽，让无意继承的子孙可获资金另谋出路。可见"条条大路通罗马"，不同家族可有不同选择。

此外，接班的成功与否，决定了家族及企业的命运。故我们挑选了吴光正及李嘉诚家族，研究他们接班安排及当中的关键特征。虽然吴光正和李嘉诚的子女数目不多，但他们没有掉以轻心，先是安排及早分家，让接班一代更专注本业，同时有更长的实习期。而在接班过程中，除了安排经济资本的转移，这两大家族亦注重人力资本、网络资本及道德资本的交接，说明成功的继承不单只是股权财富的转交，还有一些无形资产需要细心安排。

家族企业一直存在着向心和离心两股力量的拉扯，若执着要求家人同心合一，忽视当中人各有志的渴求；或坚守团结力量大，忘记了分散风险的重要，就有可能引起内部矛盾，轻则破坏家族和谐，重则亲人反目。在第五章，我们挑选了两个郭氏家族——新鸿基地产的郭氏三兄弟与佳兆业集团的郭氏三兄弟——作粗略比较，指出当家族及企业发展进入新阶段时，必须认真处理分家问题，否则只会损害家族利益，阻碍企业发展。而案例亦有助我们反思，总是被贴上负面标签的"分家"，其实并非百害无一利。相反，它有化解内部矛盾、激发内部拼劲及推动家族多元化发展等积极作用，所以应更好地处理分家，而非讳疾忌医。

在第六章，我们以利希慎家族为例，重点探讨人力资本如何影响家族和企业的长远发展。家族人丁众多，虽然会有人多嘴杂的问题，引来较多争拗与矛盾，但反过来说则是人才济济、人力资源充沛。相反，若家族人丁较少，虽然争拗与矛盾较少，分家时较易削弱资本累积，但当家族面对困难时，则会陷于缺乏亲人依靠的问题，甚至连接班亦会出现断层。利希慎家族的发展过程，清楚地展示出人力资本在支持家族不断向前迈进的重要性。

传统上，继承安排是传男不传女，故血脉延续可是头等大事，重要性毋庸置疑，甚至婚姻的最主要功能亦是传宗接代。但进入现代社会后，由于夫妻一体观念在法律上的实施，夫妻关系置于父子关系之上，所以传承上亦出现了先传夫妻、后传子女的安排。问题是，夫妻关系乃契约关系，可以随时终止，分手收场，故不少巨富家族必然会想方设法，避免家业落入"外姓人"手上。近年，不少大家族出现了"代孕生子""类婚姻"等例子，冲击了婚姻制度及社会价值观，亦值得我们探讨。

最后，我们会探讨新制度及现代化如何帮助家族企业更上一层楼。传统上华人社会虽崇尚大家族，但华人社会所孕育及发展的家族企业，却多属中小规模，寿命不长，甚少有经历百年或数百年的大型家族企业，部分原因当然是受文化、社会与历史等因素影响，但不可忽略的是，不少西方企业之所以能发展成规模庞大的跨国公司，背靠的是成熟而现代化的金融市场。反观中国在近年才发展现代化资本市场，过程又充满波折，所以公司规模才会落于人后。

华人家族企业的管理，总是被批评为任人唯亲，欠缺制度化管理，或是透明度不足等，其实亦与企业是否上市有关。因为上市公司必须接受政府及公众更多监察，亦须披露更多数据，所以透明度高，亦更为制度化。从这个角度出发，本章提出一个重要理论问题：若华人家族企业可以利用现代资本市场——尤其股票市场，将公司上市融资集资，其发展前景必能有所超越，既能更好地吸纳专业人才为我所用，亦能更好地踏上"从私到公"的道路。

本书希望通过对以上案例的深入讨论，全面展示华人家族企业的发展特质和活力，呈现家族企业的多元性和多样性，从而说明不同文化的家族企业，其实各有特色，并非一模一样。虽然同属家族企业，但当中发展、运营和传承其实是差之毫厘、谬以千里。所以在学习、借鉴之时，必须充分掌握各自特点，以免因为囫囵吞枣而弄出笑话，甚至将自己的家族及企业推向险境。

本章结语

以家为本、重视血脉、诸子均分等中华家文化，虽然常招来负面批评，但并不表示企业发展动力低、竞争弱，更不应进一步推断，认为这样的文化缺乏现代资本主义精神。事实上，无论是早年的"亚洲四小龙"，或是当前的中国大陆，其经济发展成绩突出，备受世界关注，便十分清楚地说明，中国文化亦能孕育出适应当代社会发展形势的资本运作方式。作为这些经济体核心结构的家族企业，虽有一些弱点或不足之处，但同时亦有发展动力强大和高效率等优势，不应总是觉得一无是处，妄自菲薄。

同理，在思考家族企业的发展时，我们不应一窝蜂地模仿，总以为外国的月光更亮。所谓"各有前因莫羡人"，人家的发展际遇，自有其文化、历史、地理及气候等因素，照单全收只会适得其反。民间社会所戏称的："把西医中国化和把中医西方化，都是死路一条"，则可谓言简意赅地点出了违背本身文化底蕴的抄袭与硬套，必然难有好结果。

　　作为本书讨论的一个脚注，我们认为更值得注意的是，以家为本的传统文化，在中国社会不同发展时期虽然遭遇过破坏和否定，但当风浪一过，其重血脉、讲孝道，强调力争上游以光宗耀祖的思想和伦理，又迅即"复兴"起来。背后的原因，自然是文化基因密码影响所致，此点相信会是华人家族企业与西方或日本家族企业在发展和延续上的最大分野之处。

第二章

接班：曲折迂回的道路

郑裕彤家族的双轨接班模式

- 素有"沙胆彤"之称的郑裕彤，打拼事业有勇有谋，勇于面对风险，充分展现出企业家精神。
- 事业有成已部署接班，进入晚年时对子孙接班问题更关注，既精打细算于企业，亦深思细虑于传承。
- 在传承接班过程中，由于曾遇波折与困阻，促使其采取了别具一格，子、孙"双轨并进"的传承方法。
- 家族在传承进程中，必须具备风险管理智慧与积极应变之道。

承前启后的创业前传

郑裕彤与李嘉诚、李兆基和郭得胜（郭得胜去世后以其长子郭炳湘为代表）被香港社会合称"四大家族"，名声显赫。郑裕彤的传奇令人津津乐道。他曾与美国总统特朗普关系匪浅，除了有不少生意往来，也因生意纠纷而对簿公堂。当特朗普成为全球红人之后，大家才惊觉郑裕彤不仅是世界巨富，同时他的政商关系更是无远弗届、无孔不入。

郑裕彤的发迹与周大福珠宝紧密相连，他以女婿身份接手了岳父一手创立的周大福金铺生意，在此基础上发扬光大，书写了商业传奇。正因如此，我们讲述郑裕彤家族案例，要从一段"指腹为婚"的婚姻说起。

郑裕彤原籍广东顺德伦教镇，1925 年 8 月出生。父亲郑敬诒是一名绸缎商人，早年因为营商经常在顺德和广州之间奔走，并与开办金铺且属同乡的周至元结为好友。两人的妻子先后怀孕，他们决定"指腹为婚"。后来，两家分别诞下一子一女，也就是郑裕彤和周翠英。

由于郑裕彤生于商人家庭，自少耳濡目染，深受父亲操赢致奇的熏陶，对经商之道倍感兴趣。郑裕彤十三四岁时，日本发动侵华战争，一度长驱直入，华北华中沿岸一带沦陷。年轻的郑裕彤在父亲的建议下，1938 年由顺德转赴澳门，一来避难，二来投靠未来的岳父周至元，学习经商。

据说郑裕彤一到澳门，周至元就将其视为未来女婿，既安排他在名下两家金铺——大成金铺和周大福金铺工作，倾囊相授营商之道。郑裕彤聪敏、勤劳，极具经商天赋，他迅速掌握了金铺的经营窍门，让周至元倍加欣赏。郑裕彤曾回忆道：

> 初时，我在草堆街的大成金铺做后生，既要擦地，又要倒痰盂。其实，做什么也没有所谓，来澳门，他们叫我做什么，我便做什么。我工作十分拼命，每天工作十多小时。我在大成做了两三年后，就调了去周大福……后来，年纪渐长，便可以坐柜尾，帮手做生意。

郑裕彤的突出表现深得周至元赞赏，1943 年，刚满 18 岁的郑裕彤与周翠英在双方家长的支持下"拉埋天窗"（结婚），落实了当年指腹为婚的承诺，标志着他们的人生进入了新的重要阶段。

1945 年抗战胜利后，郑裕彤将妻子送回家乡，自己仍留在澳门协助岳父打理金铺。同年 12 月，他从澳门转道香港，负责恢复在 1941 年因香港沦陷而结业的周大福金铺，该金铺最初是由周至元在 1939 年时和同乡兄弟在香港筹办。由此，郑裕彤转战香港，展开了辉煌的商业传奇。

1946 年，郑裕彤长子郑家纯在家乡出生，他与母亲周翠英、祖父郑敬诒和叔父们一起生活。郑裕彤留在香港打拼金铺生意，获得不错的发展。解放战争爆发，资金、企业和移民纷纷涌到香港，金铺生意火热，竞争更外激烈，而郑裕彤则在此期间获得更多知识与经验。

1949 年以后，郑裕彤与朋友胡有合伙出资，自立门户，开办了一家名叫"西盛金铺"的公司。他说："后来，我储了点钱，与胡有合作，在（皇后）大道西开了西盛金铺，这是我自己的，与周大福没有关系。我没有参与西盛的管理，主要由胡有打理。"至于这家金铺的市场定位，并非如周大福那样走门市零售之路，而是走批发及转口之路。他解释说："（西盛）做卖散、批发生意，不是做门市的；主要是钻石的批发，拆货给行家。即买一手钻石回来，分拆给要货的行家。"

西盛金铺的生意另辟蹊径，表现不错，让郑裕彤赚到第一桶金；而周大福金铺生意却不尽如人意，这令两位年纪已大的股东——周至元和周仲汉意兴阑珊，1956 年他们决定结业清算。一直看好金铺前景的郑裕彤向他们提出顶让的要求，并得到应允。郑裕彤接手后制定了一项对业界影响深远的策略，就是针对当时黄金成色混乱的局面，推出 999.9 纯金首饰（或称"千足金"）的承诺和品牌保证，成为黄金首饰的典范。

1961 年，郑裕彤将周大福金铺改为注册"有限公司"，借以提升管理架构、促进业务发展，后来将黄金业务扩展至钻石首饰，在南非约翰内斯堡开设钻石磨厂。1964 年，获得了全球最大钻石原坯生产商戴比尔斯（De Beers）的批发专利权。

20 世纪 60 年代是周大福珠宝业务蒸蒸日上的时代，郑裕彤却仍觉得珠宝生意"发展有限"。他那时已开始将资金集合起来，进入当时香港发展潜能更为巨大的房地产生意。对于当年投资产业的转移，他回忆说：

> 当时，我已开始涉足地产生意，认为地产会有较大的发展，便尝试去做。先试试收购几栋（幢）旧楼，重建后便卖掉，赚到钱便再继续。由于我不喜欢借钱做生意，故未有大规模做地产。

进军地产业

房地产生意吸引力巨大，而郑裕彤资金有限，于是便想到寻找生意伙伴，聚众人之力，共同进军地产业，开发更大项目。他从常有业务往来的朋友包括：景福珠宝行的杨志云、恒生银行的何善衡和万雅珠宝的洗为坚等实力人士。1970 年 5 月，郑裕彤得到他们的支持，合股组建新世界发展有限公司，雄心勃勃地进军地产业。虽然当时公司主席由何善衡出任，但掌握实质管理大权的董事总经理一职则由郑裕彤担任，而单一最大股东则为周大福企业有限公司。

新世界发展创立之初，由于实力未丰，只能发展较小规模的地产项目。1972年10月趁香港股市火热之时上市后，才有更强实力做出了系列重大投资。两项令人瞩目的投资，分别是1973年1月收购协兴建筑有限公司的控股权，以及1973年2月从太古洋行手中购入尖沙咀海旁"蓝烟窗"地皮，兴建新世界中心。这两项举动相互紧扣，为新世界发展奠定了极为重要的根基。

新世界发展购入尖沙咀地皮不足一个月后，股票市场便因炒卖泡沫爆破，恒生指数由1973年3月7日的1774.96点高峰急速回落，之后更是受到世界性"石油危机"的沉重打击，恒生指数进一步下滑至1974年12月10日的150.11点。大约一年半时间内股市跌了九成多，投资者损失极为惨重，香港经济一片低迷，失业率激增。尽管经济环境恶劣，投资气氛极差，郑裕彤仍因公司举债不多，再加上早前上市已获得融资，因而仍能继续兴建新世界中心这样的大型工程。虽然部分建筑成本因"石油危机"被拉高，但工资则因失业率增长而大降，两者相抵，建筑总体成本尚可应付，工程进展颇为顺利。

由于郑裕彤及主要股东均从事黄金与珠宝生意，现金流充裕，再加上何善衡的银行背景与社会地位，新世界在获得银行融资方面颇具优势。目光敏锐且投资精明的郑裕彤在取得主要股东的进一步承诺后，趁着市况低迷，采取了大举收购的策略。1975年，他与李嘉诚、李兆基和郭得胜等组成财团，合力发展规模庞大的沙田第一城（多达53幢高30层的住宅楼），项目在落成后大大改变了沙田区的面貌。同年，他与美资友邦保险洽购中环皇后大道中8号的核心优质物业——友邦行，1976年1月1日完成交易，1980年更名为新世界大厦，成为新世界发展集团的总部。

新世界发展购入友邦行的黄金物业之时，正值香港经济已经走出人心慌乱的阴暗低谷，开始逐渐复苏。尖沙咀项目工程也进行得十分顺利，1978年12月宣布启用。尖沙咀项目成为新的地标，与友邦行（即日后的新世界大厦）隔海相望，备受瞩目。

项目落成之时，房地产市场已开始复苏，租金拾级而上，新世界发展的租金收入因而大幅飙升，为股东带来极为可观的回报。有了新世界中心及新世界大厦这两个地标，新世界发展在随后的岁月里开始多元发展，如水银泻地般流向房地产、酒店、百货以及电信等多个产业。

人弃我取

进入20世纪80年代，新世界实力日增，1980年完成新世界中心第二期工程，可租用办公面积倍增，同时又宣布斥巨资与霍英东和何鸿燊的信德集团合作，共同兴建上环海旁的信德中心。但香港政经风云变幻，新世界也被裹挟期间。

当中国政府宣布将在 1997 年 7 月 1 日恢复对香港行使主权，并与英国政府展开具体谈判后，香港不少投资者存在疑虑，出现"信心危机"，股票市场备受冲击，甚至开始出现企业搬迁、资金与人才外流等问题。

但郑裕彤与不少以港为家的市民一样，决定"留港建港"，看好回归后的香港前途。其中一个重要表现，是当时的香港贸易发展局决定在港岛湾仔海旁兴建会议展览中心，但因项目投资金额过高，回报期跨越 1997 年，遭到大多数投资者的观望。当时已成为新世界发展主席兼董事总经理的郑裕彤，大胆地做出了"人弃我取"的决定，一力承担项目及相关（主要是万丽酒店及君悦酒店）工程。1984 年 12 月新世界与香港贸易发展局签署协议，当时消息轰动，郑裕彤的举动被视为对香港前途投下了信心一票。

香港会展中心的工程进行期间，新世界发展还在 1985 年 10 月购入亚洲货柜物流中心香港有限公司 49% 的股权，随后在葵涌的货柜码头区开始兴建亚洲货柜物流中心，进入物流行业。1988 年，新世界发展又宣布收购联结九龙东与新界东的大老山隧道 24% 的股权，作为交通运输的长远投资。

20 世纪 80 年代末，随着中国内地的改革开放发展，市场空间不断扩大。郑裕彤一方面将周大福珠宝的生产与加工基地北移，同时开始设立门店；另一方面则决定以新世界集团的名义投资中国内地的基础建设项目，参与了广州北环高速公路的兴建。

进入 20 世纪 90 年代，周大福和新世界均有突出发展，前者相对稳定集中，后者则较为急速。随着业务与地域多元化的进行，周大福和新世界互相配合，既可分散投资风险，又可捕捉新兴市场的机遇。新世界发展 1991 年开始进军内地房地产市场，同时又创立新世界传讯。1992 年，新世界（中国）有限公司正式成立，参与了珠江发电厂及快速公路的兴建。翌年，新世界传讯获发经营固定电话网络服务牌照，易名为新世界电话，而新世界（中国）在中国各大城市参与了更多基建、酒店及房地产等发展项目，发展更为迅猛。

由于新世界发展在内地的工程建筑项目增多，到了 1995 年，郑裕彤决定成立新世界基建有限公司，统合所有建筑业务，并于该年 10 月将公司上市，成为郑氏家族直接掌控的第二家上市公司。1996 年及 1997 年，两家上市公司、周大福和旗下众多子公司等，均获得不错的发展，郑裕彤成为香港富豪排行榜中的第三或第四位，显赫一时。

1997 年初，郑裕彤成立了新世界创建有限公司（日后简称新创建），统筹集团所有与服务相关的业务，辖下的子公司主要包括了协兴建筑有限公司、香港会议展览中心（管理）有限公司、景福工程有限公司、佳定工程有限公司和大众安全警卫有限公司等，以提升集团的管理效率。7 月 1 日香港主权回归，标志着香港走上新里程。中国政府恢复行使香港主权的回归仪式，就是在新世界发展一手兴建的香港会展中心举办，可谓别具历史意义。

逆境开拓

香港回归后，由于受"亚洲金融风暴"的冲击，股市和楼市大跌，经济发展陷入低谷，失业率大幅攀升，新世界自然难以置身事外。不但股价持续下滑，负债急升，业绩表现也不理想，家族财富大幅缩水。虽然如此，但在商场上见惯风浪的郑裕彤却未因此放慢投资脚步，而是不忘开拓的"沙胆"策略，勇往直前。逆势扩张的重要举措包括：1998 年 3 月投得五年巴士服务专利权；11 月，新世界电话推出个人通信服务，进入移动通信领域。

更重要的是，新世界基建 1998 年收购了上市公司太平洋港口的控股权，家族掌控的上市公司增加到三家；而周大福于同年在北京建国门设立第一家分店取得成功后，陆续在其他重要城市设立分店，并在广东顺德成立中国内地的营运管理中心，统筹内地生意。这些一连串的投资举动，进一步壮大了集团实力。

1999 年 7 月，新世界中国地产有限公司成立，同时在香港交易所上市，成为集团直接掌控的第四家上市公司。同年，集团收购冠忠巴士集团 19.9% 控股权，强化交通运输业务；新世界电话也取得了不错的发展，与诺基亚签订无线应用协议，有利日后进一步开拓。

进入 21 世纪后，香港经济仍然十分疲弱，投资十分低迷，失业率居高不下，新世界发展的业务虽见改善，但负债仍高。虽然如此，集团仍采取了进取策略，例如新创建先后收购新世界保险服务有限公司和鹤记营造有限公司。到了2002年，新世界发展又宣布重组集团业务，将旗下的太平洋港口业务并入新创建，令新创建取得上市地位。其次，又将新世界基建的建筑业务，纳入新创建，而新世界基建只保留科技业务。2006年2月，新世界基建私有化，家族掌控的上市公司由四家减至三家。

新世界发展重组旗下业务期间，2003年初爆发"非典"疫情，社会人心欠安，消费信心薄弱，残酷的现实自然是新世界发展的股票价格持续低沉，盈利率更是大幅倒退。到了2003年5月，新世界发展被剔出恒生指数成分股之列，这对于郑裕彤家族乃至新世界发展而言，相信心中是百般滋味，并不好受。

面对这种挫折，郑裕彤父子虽然表示并不介怀，但痛定思痛，做出更大努力。地产发展、酒店投资、电话通信、交通运输、基础建设等各项业务，都开始进行重大调整与开拓。香港经济因2003年中国内地"自由行"政策迅速复苏，新世界发展、周大福及其附属公司等获得了发展动力，股票价格急速反弹，表现令人惊喜。公司自重组及变革后取得不错的发展，2005年5月，新世界发展又重新被纳入恒生指数成分股——这显示了社会及公众投资者对郑氏家族连串努力的认可与支持。

2006年至2007年间，新世界电讯有了连串并购行动，令其通信业务不断壮大，同时新世界中国地产在内地物业地产进行重大投资与开拓，取得连番佳绩，而新创建多项投资均有不错表现，股价节节上扬。趁着香港经济与股市上扬，郑裕彤决定整合旗下的百货业务，组成新世界百货有限公司，2007 年 7 月上市，令郑氏家族直接掌控的上市公司又添一家，家族企业的多元化获得进一步拓展。

2008 年，新世界发展的各项业务均表现理想，郑裕彤更获得香港特区政府颁发的大紫荆勋章，但一场席卷全球的"金融海啸"却不期而至。香港经济和金融受到波及，新世界发展旗下企业，如同其他香港公司般受到巨大冲击。幸好，由于集团自经历过 2002 年至 2003 年的低潮后曾做出巨大重组，尤其是在投资上已有了分散风险的安排，能够轻松应对风暴的挑战，并于 2009 年起迅速恢复发展动力。新世界发展的历年总资产、营业收入和盈利率等三大指标都反映了此间的经营状况。

进入 21 世纪的第二个十年，郑裕彤还做出了多项重大投资举动。2011 年 5 月斥巨资收购时装公司佐丹奴，郑氏家族成为该公司的最大单一股东，强化家族在日常百货业的地位。12 月郑氏家族旗舰公司周大福珠宝，大中华区最大的珠宝公司（在内地及香港有多达 1100 间分店，年营业额达 300 亿元）正式在香港交易所上市，家族直接掌控的上市企业达到六家（见表 2–1）。

作为家族发迹的企业，流动资金一直充裕而雄厚，过去一直不愿上市的周大福珠宝最终上市，可以说是还了郑裕彤一大心愿，堪称收官之作，也为长达数十年的商海生涯画上了一个别具意义的完

表 2-1 郑裕彤家族控股企业

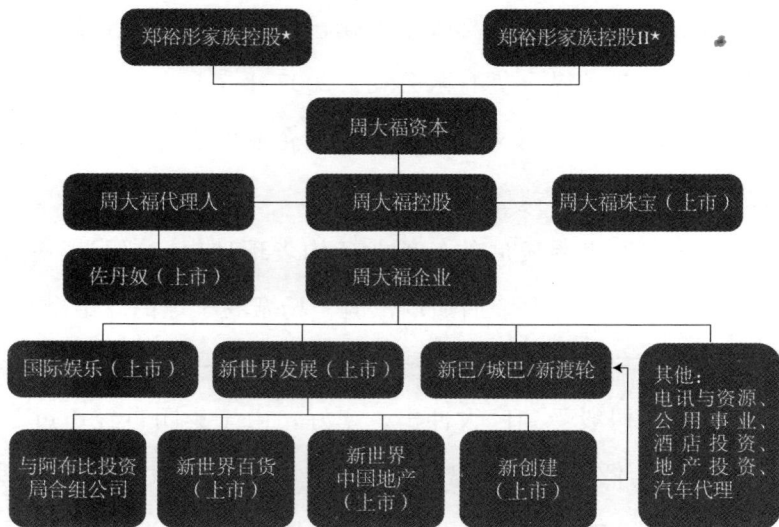

```
┌─────────────────────┐        ┌──────────────────────┐
│  郑裕彤家族控股★    │        │  郑裕彤家族控股II★   │
└──────────┬──────────┘        └──────────┬───────────┘
           └───────────────┬──────────────┘
                  ┌─────────────────┐
                  │   周大福资本    │
                  └────────┬────────┘
        ┌──────────────────┼──────────────────┐
┌───────────────┐  ┌───────────────┐  ┌──────────────────┐
│  周大福代理人 │  │  周大福控股   │  │ 周大福珠宝（上市）│
└───────┬───────┘  └───────┬───────┘  └──────────────────┘
┌───────────────┐  ┌───────────────┐
│ 佐丹奴（上市）│  │  周大福企业   │
└───────────────┘  └───────┬───────┘
```

★注：表中的母公司为若干以小控大的离岸公司，根据家族财产分割或资本运作等需要设立。

美句号。这可能令郑裕彤不再有牵挂，他在 2012 年 2 月底再次宣布退休。

然而，退休大约半年后的 2012 年 9 月，郑裕彤却突然传出因病入住"养和医院深切治疗"的消息，引起社会高度关注，但郑裕彤因"早做好接班，子孙分掌业务"，各项传承安排已经全面落实，所以并没有给旗下多家上市公司带来太大冲击。郑裕彤仍在医院就医之时，由郑家纯扛大旗的新创建于 2013 年 12 月斥巨资入股北京首都机场，成为机场的第二大股东，以强化集团多元化投资的策略，此举被市场诠释为下一代已经全面接班，能够在郑裕彤缺席下独当一面。

2012 年后，无论是新世界发展，还是周大福珠宝，或者其他新世界旗下企业，表现均相当理想，但郑裕彤的病情未见好转。2016 年 9 月 29 日，一代商界巨子郑裕彤去世，走完了传奇显赫的一生。

第一阶段的传承接班：酝酿期

我们沿着传承接班的时间轨迹，探讨郑氏家族的接班道路（见表 2–2）。我们先来看家族传承的第一阶段，亦即郑裕彤本人的传承。郑裕彤早年加入岳父合创的周大福金铺，直到 1956 年才接管成为最大股东。按郑裕彤自己的说法，他是从岳父及另一股东手中买入所有股权的，并非如坊间流传般从岳父手中继承的，或由岳父赠予的。虽然如此，郑裕彤却又没有完全否认"接手"的问题。因此，郑裕彤的创业，也并不属于白手兴家——由无到有创业或自立门户，而是带有一定的继承色彩。更准确地说，他应是继承了周大福金铺之后，在原来基础上发扬光大，打造更为辉煌的新世界系列企业。我们探讨的焦点，将集中于第一代郑裕彤交棒给第二代儿子郑家纯、郑家成，以及第三代孙子郑志刚、郑志明及郑志恒。

第二代郑家纯 1946 年出生于商人家族——他的祖父、外祖父和父亲均是商人，自少便对营商感兴趣。子承父业的接班酝酿期，可以说自他出生后就已开始了。

表 2-2 郑裕彤家族传承接班的时间轨迹

郑裕彤（第一代）	郑家纯（第二代）	
1925 年出生		
1938 年到澳门投靠岳父周至元，加入周大福		
1945 年到香港筹办周大福业务	1946 年出生	
1949 年合伙创办西盛金铺		
1956 年收购周大福，推出 999.9 纯金，业务腾飞	1953 年到港入读寄宿学校	
1970 年合伙创办新世界发展有限公司，进军地产业	1971 年大学毕业，加入周大福，出任董事	
1972 年新世界发展上市	1972 年加入新世界发展出任董事	
1973 年股灾期间大举吸纳地产物业	1973 年出任新世界发展执行董事	
1982 年出任新世界发展主席		
1984 年参与发展会议展览中心		
1985 年建设亚洲货柜中心，发展物流业		
1989 年辞去董事总经理，首次退休	1989 年出任新世界发展总经理：收购华美达酒店集团、合伙收购亚洲电视、收购永安集团、拓展内地房地产，集团负债急升	
1991 年郑裕彤复出		
1991 年进军中国地产市场、发展通信业务		
1992 年成立新世界（中国）有限公司		

1995 年成立新世界基建有限公司（上市公司）		
1997 年成立新世界创建有限公司，统合集团业务		
1998 年旗下新世界第一巴士公司获巴士专营权、周大福于国内设立分店、收购太平洋港口（上市公司）控股权		
1999 年成立新世界中国地产有限公司（上市公司）		
2003 年新世界发展被剔出恒生指数成分股		
2005 年新世界发展重新纳入恒生指数成分股		郑志刚（第三代）
2006 年通信业务壮大、大举投资内地房地产		2006 年加入新世界发展
2007 年新世界百货有限公司上市		
2011 年周大福珠宝上市	2011 年出任新世界发展主席	
2012 年退休		2012 年出任新世界发展执行董事兼联席总经理
2016 年去世	2017 年传出中风消息	2015 年出任新世界发展执行副主席

1953 年郑家纯来到香港后，被父亲安排到港岛筲箕湾的慈幼学校就读，第一年的求学生涯是寄宿的，郑裕彤希望孩子能学习自我照顾。令郑家纯难忘的，是同学之间互相交换和分享零食，这或许令他体会到"用自己不太喜欢的东西换取更喜欢的东西，大家互惠互利，或者这就是贸易"的核心道理。

完成小学与中学课程后，郑家纯入读在案例教学方面与哈佛大学齐名的加拿大西安大略大学毅伟商学院，并于 1971 年取得工商管理学士学位。大学求学期间，郑家纯不但学会了自立自强，也体会到生活节俭的重要，以及和不同文化背景的同学相处之道。他也像其他同学一样做暑期工，"亲身体验赚钱的艰苦"。但打暑期工的生活为期不长，便被父母召回，为家族企业接班做准备。这标志着家族的传承接班计划已经进入另一阶段。

第二阶段的传承接班：实际接班期

正如前述，20 世纪 70 年代是香港工商业发展的黄金时代，郑家纯迈出了实质的接班之路。1971 年 5 月，郑家纯加入周大福珠宝担任董事，开始接触这个始于外祖父的珠宝生意。1972 年，郑家纯开始进入上市公司新世界发展，担任董事。新世界与周大福不同，是父亲自行创办的新企业。1973 年，郑家纯被委任为新世界发展执行董事，传承接班再迈一步。

郑家纯加入新世界发展之时，正值公司处于高度发展阶段，尤其是尖沙咀新世界中心项目，可以让他一展所长，同时获得更多实战锻炼。新世界中心项目完成后，香港经济复苏，新世界发展的管理层亦出现变化，时任主席的何善衡年事已高，1982 年退任。新世界发展主席由郑裕彤填补，郑裕彤急需儿子的帮忙与协助。20世纪 80 年代初经济界对香港主权问题的迟疑和观望，客观上使得郑家纯有了更多协助父亲打理业务甚至是出谋献策、参与决策的机会。而当时郑裕彤已年过 60，日渐有了更多传承的压力和思考。

在那个内外局面出现重大变化的年代，新世界发展又做出一项重大投资，即兴建新地标——香港会展中心。对于当年那个重大决定，郑家纯回忆时说："我比父亲更热心争取这个项目，当然最后也要得到他的首肯。他是同意的，但我比他更积极"，由此可见他在当中的重要角色。

除了协助父亲做出这个"人弃我取"的重大决定，郑家纯接连数年实地参与工程建设，学习如何统筹各方，尤其是设计规划、贷款融资、政府关系各个方面。在项目的推进过程中，郑家纯崭露头角，初步展现运筹帷幄的能力。

自从踏上传承接班道路，郑家纯通过统筹新世界中心项目和香港会展中心项目，从实战中学习，了解企业运营，吸收管理经验，取得了亮丽成绩。他在公司中的角色更为吃重，地位日渐提升。更为重要的是，郑家纯获得了父亲的信任和肯定，为进一步的接班打下更重要基础。

第三阶段的传承接班：创始人回归过渡

1989 年，63 岁的郑裕彤宣布退休，在新世界发展已磨炼长达 15 年的郑家纯，获委任为新世界发展的总经理，意味他终于获得更大管理权，担起企业领导大旗，走上前台——尽管最终大权仍在郑裕彤手上，但郑裕彤在职位上退居幕后，令传承接班进入了第三个阶段。如果把管理领导家族企业看作开车，这阶段的传承特点是接棒人已坐在了司机的位置上，主导驾驶，但交棒人仍坐在副驾驶，看着其驾驶，应对变局——尤其当重大问题出现时指示方向、给予意见。

虽然郑家纯已经过了年少气锐的年纪，但他一心想证明自己，大展所长。因此，他在出任总经理后采取了一系列进取的投资与发展策略，其中较受瞩目的包括：斥巨资收购美国华美达酒店集团、与丽新发展合作，收购亚洲电视控股股权、收购永安集团。除此之外，他甚至开始涉足内地房地产与其他不同投资。

这一系列颇为激进的重大投资，令新世界发展债台高筑，且突然遭遇的环境变化令投资环境逆转。各种资产价格大跌，新世界发展债务大幅急升，有消息指出新世界发展的负债由原来的 30 亿元急升至 90 亿元，公司股价自然应声下滑。

原本打算淡出企业管治的郑裕彤，于 1991 年"再次出山"，走上前台主持大局，郑家纯则退居二线。这便令本来已进入第三阶段的传承接班退回到第二阶段，从理论上来说这是阻碍了接班进程。由于郑裕彤在商界具有很高的"江湖地位"与名望，也见惯了大风大浪，他当机立断地采取多项大刀阔斧的资产剥离、消减债务等手段，既获得大小股东的支持，减少阻力，也较容易得到银行与财团的配合，而更重要的则是可以稳定局面，给予市场及投资者较大信心。

所幸危机时间甚短，香港经济不久迅速反弹，不但周大福珠宝业绩重拾升轨，新世界发展的业务随后也重获活力，公司股价回升，原来居高不下的债务问题迎刃而解、迅速消减。至于过去一直表现进取的郑裕彤在化解这场债务危机后，并没有退下火线，让郑家纯再上前台，而是仍然担着大旗，再次东征西讨、开拓业务，郑家纯因而仍然处于二线位置，家族传承接班仍维持在第二阶段。

新世界发展此时开拓业务的其中一大特点，是北望神州，尤其是进军内地方兴未艾的基础设施建设、房地产市场与电力市场。1995 年，郑裕彤更将一系列中国内地的基础设施建设项目集合在一起，成立了新世界基建有限公司统一管理，并于同年将该公司在香港交易所上市，将集团发展推上另一台阶。以上一系列投资，虽然也有郑家纯奔走的身影，但毕竟还是郑裕彤亲自指挥、带领和决策的。

虽然如此，自新世界基建上市后，从郑家纯在公司中担任重要角色的情况看，他被委任了更多管理工作。这也意味着自那时起的郑裕彤，已准备再次淡出管理，将更多工作与权力交给郑家纯，因而又令接班安排再次由第二阶段推向第三阶段，所以我们不难察觉从那时起，郑家纯再次成为集团的主要管理者。

距离香港主权回归前三四年，香港经济欣欣向荣，股票市场与房地产市场尤其一片繁荣，由郑裕彤挂帅、郑家纯协助的新世界发展与周大福珠宝也表现不俗，令不少投资者获得不错回报。可是，1997 年香港回归翌日，"亚洲金融风暴"袭至，香港联系汇率遭外资大鳄狙击，特区政府动用过千亿元资金迎击，虽成功退敌，却因利息大幅拉高而伤及本身经济，令房地产市场与股票市场急泻。

受到这场突如其来金融风暴的侵袭，新世界发展与周大福珠宝亦难独善其身，业绩大幅滑落。由于郑裕彤统领下的新世界发展业绩亦差强人意，不少公众投资者难免有微言，企业传承接班问题也再次受到关注，毕竟那时的郑裕彤已年过 70。1998 年 9 月，在郑裕彤出席一个公开场合时，有记者便询问他何时会真正退休的问题，他的回答既反映了他仍处于公司的最高领导位置，亦表明那时的传承接班确已被推向第三阶段了。他说："我无话过退休，但我唔理野之嘛（但我不理事而已），依家我无所事事（意思是自己只是闲人）……就算是金融风暴，公司都有人睇住（看管），使乜我睇（怎用我看管）。"（《星岛日报》，1998 年 9 月 22 日）这也意味着，那时的郑裕彤已将绝大部分管理权力交给儿子等管理层，自己只居于监督看管的位置，只在极重要的时期或问题上给予指示与意见。

对于这种变化，在 1998 年 12 月的新世界发展股东会上亦可见端倪。在那次股东会上，尽管很多情况下由郑家纯作报告和回答记者提问，但记者及小股东们仍较关心接班问题，有小股东便直截了当地询问仍身为主席的郑裕彤何时会退休的问题。郑裕彤表示"从来无话过要退休"（没有说过会退休）。由此可见，虽然那时的郑裕彤已年过 70，但因健康状态良好，仍可在看管监督层面扮演重要角色，此点暗示传承接班仍会维持在第三阶段，未有打算再进一步，推向第四阶段。

据观察，郑裕彤迟迟未有再进一步深化接班的原因，与郑家纯在不同层面上的人物关系及社会网络尚未能全面建立起来有关。有论者这样分析："讲到同内地关系，纯官的功力和彤叔比仍差很远，这种东西非一朝一夕可以做得到。"（《苹果日报》，1998 年 12月 22 日）

由于新世界发展、周大福珠宝及其众多附属公司的业务和投资，不只集中于香港、澳门，更已扩散至中国内地、东南亚，甚至全球，所以要管理好这两大系列企业，做好各项投资，着实不易。领导者除了必须具备过人才干、历练，当然还须有"江湖地位"，以及无远弗届且可深入中外社会不同层面的人脉关系、社会资本。从这个角度看，尽管郑家纯在第三阶段的传承接班进程中颇有波折，亦已历时不短，但郑裕彤尚未完全放心，所以便迟迟未踏出更为重要的一步，落实领导权的全盘接班。

第四阶段的传承接班：接班完成期

进入新世纪之后，香港经济虽然一度呈现复苏势头，但不久又遇上了"非典"，导致经济低迷，郑裕彤家族持有企业亦受打击。但随后的 2003 年，中央政府推出了自由行政策，令香港经济迅速反弹，新世界发展和周大福珠宝两大旗舰企业亦迅速增长。其中的周大福珠宝表现更是十分亮眼，因为大量内地旅客在港澳购物的其中一个热点便是金铺，周大福珠宝更因属于优质品牌而深受欢迎。

在进入新世纪香港经济由衰转盛的关头，作为家族和企业领导的郑裕彤年纪越来越大，且子孙辈已长大成人，有了一展所长跃跃欲试的动力，加上前文提及郑家纯在传承接班中尚有不少仍需补充之处，所以郑裕彤显然在深思熟虑之后做出了一种"双轨并进"的传承接班部署，以收连消带打、一举多得之效。简单来说，郑裕彤除了安排儿子作为第一梯队接班沿着原来的接班路向前进，还培训第二梯队的孙辈接班，实行两条腿走路，既防不测，又扬长避短。郑氏家族企业接班，除了郑家纯正从第三阶段逐步走往第四阶段，也有郑志刚和郑志明等进入第二阶段，接触企业实质管理。

在这种部署方针的主导下，郑裕彤的孙子孙女如郑志刚、郑志明、郑志谦、郑志恒和郑志雯等，先后进入新世界发展与周大福珠宝这两大旗舰企业工作，参与了不同部门的管理或不同项目的开拓。必须指出的是，与郑家纯前脚离开校门，后脚即踏入家族企业大门预备第二阶段接班的情况不同，郑志刚和郑志明等均在大学毕业后，先到家族企业以外的企业（尤其是国际知名的跨国企业）工作与实习，吸收经营管理知识，并建立个人关系网络。举例说，郑志刚在哈佛大学毕业后进入瑞士银行工作，参与了企业融资与市场开发等业务；而郑志明在美国马萨诸塞州百森商学院毕业后，进入里昂证券做分析员，尤其涉猎综合投资的研究工作；郑志恒、郑志谦和郑志雯等，亦有相类似的工作经历。

有了在家族企业以外企业的工作经验与阅历后，郑志刚和郑志明等孙辈才回到新世界发展与周大福珠宝这两家旗舰企业中工作，他们初期只是担任相对底层的职位，让他们了解集团的业务特质、运作机制与企业文化等，然后才像郑家纯当年的接班考验一样，在通过不同考验后交托更多任务与权力，其中的相同做法则让他们统筹某个发展项目。例如，郑志刚在 2006 年进入新世界发展两年后，负责发展集团旗下位于尖沙咀内河道 18 号一个市区重建项目，而他成功地将之打造为一个极具创意的购物艺术馆 K11，受到社会的称誉，令他不但可以更好地积累经验，同时也可以在这个过程中建立领导地位与威信。有了 K11 的成功经验，郑志刚更牵头陆续在武汉、北京、上海、广州及天津等大城市设立不同的系列购物艺术馆，进一步打造各地"多元文化生活区"。

孙辈能在进入家族企业后有如此突出表现，相信令郑裕彤倍感欣慰，并扫除他对于接班问题的担忧。但家族财产极为庞大，尤其是周大福珠宝这家被视为家族发迹产业，又盈利丰厚、现金流充裕的企业，到底应如何分配才能消除家族内部潜在争夺的问题，也成为郑裕彤接下来必须处理的棘手问题。最后，郑裕彤打算决定将周大福珠宝上市，一来利用股票市场决定其资产价值，二来可引入外部监察，三来可让股份买卖转移更为有序可循、有法可依。

然而周大福珠宝筹划上市的早期阶段，便碰上了席卷全球的美国"金融海啸"，令股票市场一度十分低迷，新世界发展及其相关企业也受到打击，郑裕彤因此搁置了周大福的上市计划，甚至于2009年将旗下的大福证券控股权出售于海通金融，家族企业在这次金融风暴中受到了不小的冲击，不但影响了旗下企业的业绩表现，也给他的传承接班计划带来一定影响。

虽然欧美经济在"金融海啸"冲击下走进了寒冬，失业率居高不下，经济缺乏增长动力；但香港经济却因背靠内地，加上自由行旅客仍持续涌入而能保持强劲动力。周大福珠宝亦成功于2011年12月上市。此举不仅令周大福珠宝的发展迈上了另一台阶，而郑裕彤也如愿以偿，整个传承接班与分家的部署大功告成，至此画上了一个完满句号。

周大福珠宝上市大约两个月后的2012年2月底，年过87岁的郑裕彤终于宣布全面退下火线，真正退休，由一众子孙接棒。郑裕彤在退休时表示下一代已经上手熟练了，公司里人才济济，不用他理事了。同年3月，家族掌控下的各家上市公司管理层出现若干重大变化，郑家纯担任了包括周大福珠宝、新世界发展、国际娱乐、新世界百货、新世界中国地产及新创建主席之职，其他主要家族成员如郑家成、杜惠恺、郑志刚、郑志恒、郑志谦、郑志雯、郑锦标、郑锦超、杜家驹等，则在不同上市公司中担任执行董事或非执行董事等管理职位（见表 2-3），更不用说还有家族成员兼任其他诸如总经理、CEO 之类的管理职位了。至此，郑裕彤交棒郑家纯的整个接班进程，算是最终完成了。

表 2-3　郑氏家族直接控股的上市公司董事局概况（2013 年）[①]

职位	周大福珠宝	新世界发展	国际娱乐	新世界百货	新世界中国地产[②]	新创建	佐丹奴[③]
主席	郑家纯	郑家纯	郑家纯	郑家纯	郑家纯	郑家纯	
副主席		杜惠恺				杜惠恺	
执行董事	郑家纯	郑志刚	郑家纯	郑志刚	郑家成	杜惠恺	
	郑志刚	郑家成	郑锦超		郑志刚	杜家驹	
	郑志恒	郑志恒	郑锦标		郑志刚		
		郑志雯	郑志刚		郑志谦		
			郑志谦				
非执行董事	郑锦标	杜惠恺		郑家纯	杜惠恺		郑志刚

①只列出郑氏家族成员，非郑氏家族成员略去。

②2016 年 8 月，新世界中国地产私有化。

③此公司还有周大福珠宝的代表出任执行董事，他的名字是郑世昌。

资料来源：各公司 2013 财务年的年报。

当然，在华人社会，尽管郑裕彤已再没实质职位，例如在周大福珠宝只保留了名誉主席之职，但其影响力仍不会消失，所以郑家纯在回应怎样看他父亲退休一事时有如下回应：

> 虽然父亲已宣布退休，但我们不希望他真的完全退休，毕竟工作也应该是正常生活的一部分，他现在仍会回公司，过问他有兴趣的事，那就由他，当然他也会有一些宝贵意见。无论如何，他无须再在指定时间上班开会，自由自在，比以前舒顺。

可惜，退下来郑裕彤没时间"过问他有兴趣的事"，他不久便因病入院，四年后去世。

做好交接班与化解内斗

近年，华人家族企业的发展过程，因政治、经济及社会环境充满波折，而须面对重重挑战；打下江山，创下基业后，又受复杂的传承接班问题所困扰。若要实现富过三代的理想、持久发展，确实需要面对无数障碍与困阻。具体而言，要将父辈打下的江山代代相传，既须克服传承接班的问题，又须妥善处理在过程中衍生或相伴相随的危机，可见传承接班的过程其实隐藏着不少险阻，任何处理欠善，必然会引起灾难性后果，绝对不容小觑。

传承接班问题并非单方面的事情，而是牵涉双方，甚至触动多个层面的问题。简单来说，传承接班是交棒者和接棒者双方的互动，不能只考虑一方的角度与意欲。也就是说，不是只有交棒一方焦虑担忧，一厢情愿地硬要接棒一方接棒，还须考虑接棒一方的意愿、能力与积极性，更加不容低估的是过程中的际遇。可见如果只考虑己方的立场、看法，不顾及双方感受、想法，以及社会现实问题和多方面配合，硬性执行、强行接棒的结果，轻则会破坏双方关系，重则可能会毁掉交棒者毕生建立的基业，同时也可能会给企业及社会造成难以弥补的伤害。

创业一代"不愿放手"的负面效应

我们检视郑裕彤接近 40 年的整个传承接班——从郑家纯 1972 年进入新世界发展之时计起，至 2012 年他正式接任新世界发展主席一职止。可相当清晰地看到，尽管没有白纸黑字的接班路线图，却有一套完整的计划和思考，而这套思考则兼备了言教和身教两个层面，并且很早便开始执行。目的是希望通过耳濡目染将陶朱之学融入他们的心坎中，为子孙后代接掌家族企业，并可精通商道打下最实质基础。

到郑家纯进入实际接班进程时，郑裕彤一方面将儿子安排在身边，亲授管理和领导的窍门，同时也协助其建立政商人脉关系，强化社会资本；另一方面则将一些重大发展项目交托于他，一来考验其指挥统筹之能力，二来以此测试其独立应对困难与应变之道。当郑家纯在不同时期通过了一系列考验，才逐步交托给他更多更具挑战性的项目或责任，可见郑家纯并非一步登天。

尽管郑家纯在通过了精明干练父亲的考验后，才逐步攀上企业顶端，但第一次交棒仍让郑裕彤"大跌眼镜"，因为郑家纯接手后的连番激进投资，随即碰到了形势逆转，令新世界发展陷入债台高筑的危机。为此，郑裕彤高调复出，力挽狂澜。但此举无疑给传承接班带来打击，尤其削弱了新领导权威与地位的建立，也说明创业一代有过于注重企业发展、留恋企业和不愿放手的情结，这确实是计划交棒一代不可不察的问题。

理由很简单，接棒一代在走上领导岗位之初，难免会碰到西方谚语所说的"磨合问题"（Teething Problem）：不但与不熟悉的生意伙伴需要时间适应，就算是投资部署及营运决策等，也未必能十分顺畅，更不用说郑家纯接班之时碰到了政治与投资环境逆转，令固定资产的价值急跌，这种因为局面急变所产生的债务问题，实在非战之罪。那时郑裕彤突然高姿态复出，从传承接班理论的角度看，实在甚具争议。

从事后孔明的角度看，当经济环境及投资环境稳定下来后，各种固定资产的价格迅速反弹，这与郑裕彤是否复出其实并没有关系。但郑裕彤做法的最大负面效果，是给儿子的领导地位和权威带来致命的打击，令他难以树立领导威信。事实上，经此一役，郑裕彤领导权威当然更大、名声更响，但郑家纯的领导地位则更为低落，对传承接班产生负面冲击。同时，郑家纯则需要一段不短的时期，才能逐步恢复其领导威信，就算到了今天，仍然给人留下当年的负面印象。

及早启动交接棒的优势

从另一角度来看，由于郑裕彤很早便启动了接班的进程，在20世纪80年代末交棒时他只有60多岁而已，仍然身壮力健，所以可在那个危急关头复出，这是及早安排接班的一项重大优点。如果他太晚启动接班进程，相信很难有扭转乾坤的机会。此外，郑裕彤也从那次接班波折中上了一课，让他在思考和计划接下来的安排时，明显变得更为长远深邃，并具体地反映在如下三个层面上：

一、他不再公开宣布退休，虽然大量工作已交给了儿子，以免授人以话柄，影响以郑家纯为核心的领导团队；

二、孙辈已长大成人，家族的生命周期有了变化，因而想到了培养第二梯队接班，以防不测；

三、他察觉到传承接班的过程触碰到了分家析产的问题，因而两者必须同步进行，有效处理，以消弭家族内部潜在矛盾与纷争。

吸取教训：建立第二接班梯队

为此，在接下来的岁月中，吸取了前一次教训的郑裕彤，不久又启动另一轮的传承接班部署，而这次的安排则更为全面和深入。既在日常管理上将工作交给儿子，不直接干预，亦不轻言退休，留下弹性；又开始安排孙辈参与集团的管理，并以当年训练儿子的方法，略加一些变化后用于孙辈身上，逐步建立家族的第二接班梯队；至于更为关键的，则是将家族旗舰企业周大福珠宝上市，借以消除家族内部潜在的利益冲突与矛盾。对于第三点，当郑家纯被问及周大福珠宝上市的主要目的时曾经做出的回应，则可作为一个重要注脚。他这样回应："是为了减少争执，以及希望通过政府和公众的监管，将公司规范化。"

这个防止家族内部潜在矛盾与冲突的问题，传媒最为关注。郑裕彤去世后，更成为坊间谈论的话题，因为近来不少大富家族常闹争产官司，更不用说有分析指出接班一代上台后，家族掌控上市公司股票价格会大跌六成等等。到底郑裕彤家族是否会跌进那样的泥沼呢？郑家纯当然常会被问及，他的回复虽没新意，却有一点值得深思。先看他怎么回答：

我们相处得相当融洽，完全没有争执，希望将来都保持……争产纠纷其实跟本身的性格亦有很大关系，如果两兄弟都是想斗的，就当然唔掂（不妥）。

与不少富翁不同，郑裕彤从一而终，夫妇二人育有两子两女，数量并不算多，因而不会像那些婚姻复杂、子女众多的大家族般内部潜在矛盾激烈。更为重要的是，虽然郑家纯只有一位胞弟郑家成，但因郑家成笃信佛教，乃虔诚佛教徒，因而被形容为"性格温和、安守本分"，此点相信是郑家纯觉得家族内部没什么兄弟内斗，大家"相当融洽，完全没有争拗"的重点所在。

富过三代关键在于消除家斗

众所周知，家大业大而婚姻感情复杂的富家大族，其内部争斗必多，如何化解内部矛盾，防止亲人争家产，对簿公堂，甚至是兄弟阋墙，实乃重中之重。鼓励子女向多专业、多生意、多层面的多元化发展是化解方法之一；安排他们在家族企业中负责不同业务、不同部门，或驻守不同地区各展所长是方法之二；而郑家成笃信佛教信仰，养成温和不争、安守本分性格，对郑氏家族而言，显然是另辟蹊径化解家族内部矛盾另一方法。

当然，除此之外，按郑裕彤的思考，将家族企业上市，也是解决问题的有效方法。郑裕彤如何减少内部争斗有这样的观察和感受：

> 下一代怎样想，我不知道了。要把家族企业管理好，我觉得最重要的是建立完善的架构。坦白说，我的子孙不会代表我。对于这个问题，我是比较想得开的。企业不一定要由家族内的人管理，应是有能者居之。如果家族成员喜欢做别的事，我也让他们去做……其实，我把周大福看成是个大家庭，在里面打工的，都是周大福的家族成员。以往说富不过三代，主要原因是内部不团结，经常发生纠纷。我认为要内部团结，没有纠纷，作为主事者，必须要公平，没有私心。

令人叹息的是，郑裕彤去世 4 个月后的 2017 年 1 月 28 日，郑家纯突然因中风入院，虽然消息称他没生命危险，但不容否认的事实是这一事件一定会左右郑氏家族的传承与接班。这里不得不佩服的是，郑裕彤在生前已经做好第二梯队——孙辈郑志刚、郑志明和郑志恒的接班安排，并已基本上完成了集团内部的多种业务与投资重组，令无论是周大福珠宝或是新世界发展均有了更高和更大的透明度，故整个家族及旗下企业没受到太多困扰。

当然，由于郑家纯的感情生活较父亲郑裕彤复杂，他的突然中风，显然仍隐藏着难以预料的巨大风险，甚至有可能触发家族内部的矛盾与纷争，因为郑家纯育有两名非婚生儿子：郑泽弘和郑泽然，而两人现在仍年幼，正在求学中，其生母显然成为争取或维护他们权益的最重要人物。可以想象，郑家纯中风康复后，家族及企业中的领导角色应会有微妙转变。由于人身健康是极不稳定的因素，家族成员之间又可能会为了维护本身利益而明争暗斗，牵动到家族及企业原来的平衡，给家族及企业的发展造成障碍，家族上下实在不可不防。

再来说说美国总统特朗普，由于他提倡的内外政策极富争议，以及委任他女婿和亲属等在政府中担任要职等问题，前总统奥巴马在临近离任时曾做出警告："不要尝试像管理你的家族企业一样管理白宫。"（Not to attempt to run the White House... like the way you would manage a family business.）

诚然，奥巴马提醒，作为总统应该公私分明，不应令自己及家族卷入任何利益冲突，尤应将家族企业与国家事务分开。他的说法可以让我们了解到，家族企业在美国这个全球市场经济的桥头堡，也是生机勃发，家族企业的领军人更可当选为美国总统，领导这个全球经济最发达的国家。反观我们的文化，家族企业的发展不但受到抑制，而且时常被贴上负面标签，连家族中人也对家族企业存在着不同程度的负面印象，令人叹息。

本章结语

家族企业是人类历史上最具生命力的组织之一，与教堂、政府及学校等一样，和人类历史共存共荣、同步前进，这些组织既有光明一面，也有阴暗一面，不能一概而论。但家族企业充满发展动力，长久以来一直是创造就业与推动经济前进的重要力量。因此如何有效发挥家族企业的力量，是不同社会都十分重视的政策范畴。

香港以及其他"亚洲四小龙"过去可以取得令人艳羡的经济成就，其中一个关键因素便是因为这些经济体拥有无数家族企业，是支撑经济的中流砥柱。从这个角度看，如何确保家族企业顺利接班、持续发展，不但关系家族本身的荣辱兴衰，也关系到经济体的起落跌宕。最后，我们想指出的是，曾与特朗普有生意往来与合作，最后又闹至对簿公堂，并可将之击败的郑裕彤，曾在香港这个地方书写了传奇，其子孙的接班安排更可谓独树一帜，这些传奇相信不会因为郑裕彤的离去告终，而是仍会如其家族企业一样传承下去。

第 三 章

去家族化：继承之外的路

廖宝珊家族的非传统选择

- "家族"与"企业"是两种组织，受不同运作逻辑制约，各有关注点。
- 家族企业将两者组合，既有祸福与共的优点，也有矛盾冲突的缺点。
- 家族与企业既有相辅相成之处，亦有拉扯及张力。
- 廖宝珊家族以"去家族化"的方式退场，让不愿留下的家族成员有了更好的退出机制，有助于家族及企业的长远健康发展。

家族企业的污名

2000 年 5 月，香港大学亚洲研究中心与中国社会科学院私营企业研究中心携手合作，进行了一项有关民营企业发展状况的调查，访问了 1010 位企业经营者，其中一个问题是询问受访者："您最愿意把您的企业称为何种类别的企业？"结果发现 29.9% 的受访者表示最愿意将自己的企业称为私营企业，26.7% 希望称为民营企业，25.2% 回答称呼什么无所谓，15.6% 希望称为股份制企业，只有 2.1% 表示希望称为家族企业，余下 0.5% 提出其他答案。由此可见，只有极少数民营企业主希望自己的企业称为家族企业，这也显示出他们内心对家族企业这个称谓存在的抵触情绪。

受访者对家族企业存在抵触情绪与此类企业长期以来被贴上保守落后、应被抛进历史垃圾桶等负面标签有关。影响所及，不少本质上属家族企业的组织，总是不愿以家族企业之名相称。更为严重的是，那些具才干与实力的人士，不愿加入家族企业，因而难免影响其整体发展。不可否知的事实是，家族企业其实具有强大的生命力，我们实在不能因其被贴上负面标签便对那些特点一并忽略。

　　说家族企业具有强大生命力或韧劲，是因为这种模式的组织，具有与生俱来、无可替代的多重特点。一方面，由于家人血浓于水，凝聚力和向心力极强，因而可为光宗耀祖的使命积极打拼；另一方面，由于家人之间信赖度高、同心同德，因而可在面对挑战和困境时互相扶持、互相照料。尤其必须指出的是，当社会组织或制度尚没完全建立起来之时，这种以血脉或家族为核心的组织，不但灵活机动、可信度高，更有助减低风险、提升竞争力，所以有很大的生存空间，在生意经营上尤其可以发挥突出效果。这恰恰解释了为什么家族企业能在人类历史上发展悠久，而且一直充满活力了。

　　不难发现，家族企业的运作原则，与自由经济理论可谓一脉相连。扼要地说，自由经济学派的核心理论，是相信出于自利考虑的企业经营者，在业务发展与应变上，总比政府或公营机构（即并非以自身利益为直接考虑者）更有效率，此即西方谚语所云"生母总比保姆更能照顾孩子利益"的精髓之处，亦是现代资本主义鼻祖亚当·斯密（Adam Smith）在《国富论》一书中提出的"金钱主人总比金钱看管者更能管好金钱"的观点和核心。斯密这样说：

　　　　股份公司的业务通常由董事会处理。不过，股份公司的董事处理的是他人的钱财，而私人合伙公司的合伙人则纯是为自己打算。所以，期望股份公司董事对于钱财的用途，像私人合伙公司的合伙人那样周到，是徒劳的。因此，疏忽和浪费常常是股份公司业务管理上难以避免的。

斯密认为，自己为自己的福祉或事情打算是最好的。请人代劳，不但不会太周到，甚至会有疏忽和浪费。这便是美国学者约翰逊和麦克林日后提出的"代理成本"（agency cost），意思是那些通过第三者代劳的工作或事务，无可避免地会产生大小不一的成本。反过来说，若能自己的事自己做，则最具效率和积极性，此点可说是家族企业由家族成员主导，被认为是最能维护或考虑家族与企业利益的核心所在。

然而，在管理资本主义兴起，或者说现代化进程日见成熟之后，尤其是当不少初具规模的公司可以在股票市场上市集资——即成为公众公司后，这些公司在组织、实力、问责及监督等不同层面上，均会发生前所未见的脱胎换骨，业务稳步上扬、不断发展，不少可崛起为大型企业，甚至跃升为跨国公司，企业形象亦会随即有十分巨大的蜕变。

随着股票市场的不断发展，令上市公司与非上市公司之间有了日渐显著的公私之别。简单来说，公司上市后，由于有了公众投资者的参与，监管部门对于这些公司的规管和要求自然更为严格，尤其强调公司账目及人事任命等，必须做到公开透明，更不用说问责与专业性了。而非上市公司则因仍然只是牵涉个别家族及极少数股东的利益，所以在监管要求时没那么严格。

因此，上市与非上市公司之间的形象反差也不断扩大：上市公司成为现代化、先进、实力雄厚、顾及公众利益，而且管理专业的代名词；非上市公司——尤其家族掌控者，则成为封闭、守旧落后、实力薄弱、偏重家族利益，而且管理混乱的同义语；两者的大小、强弱、优劣与新旧，从此便在这个简单二分对比过程中被固化、定型，甚至不断被强化，进而令不少人——包括家族中人，将家族企业等同于没有效率、任人唯亲的企业类别，所以不少家族中人想方设法地"去家族化"，摆脱家族掌控，借以提升企业形象。

诚然，家族企业有诸多不足，但同时我们又不能否认家族企业有不少独一无二的优点，正因如此，当我们在考虑"去家族化"的行动时，便必须注意，不能如西方谚语所言"将婴儿和洗澡水一并倒掉"。不能在希望提升企业治理能力、强化竞争力或问责性的过程中，将家族企业独有的优点（例如成员的向心力强等）亦一同抛弃。

简单地说，在"去家族化"之后（尤其是家族成员退出核心领导层），在直属员工的"代理人"领导下，如果家族与企业祸福与共的意识消失，为了光宗耀祖或是不可有辱门楣的斗志丧失，甚至是那种寄望企业能够世代相传、永续发展，所以必须积极打拼以图长存的观念都不在，相信企业不但会失去发展动力，或是欠缺效率而回落，甚至会最终走向消亡。

或者说，当本来由家族掌控、经营，并由其承担一切风险得失、荣辱成败的企业，在失去家族色彩之后，公司的透明度、专业性、问责性乃至于形象等，相信会有很大改善，但在"代理人"的领导下，是否可如家族领导时保持企业永续发展，尤其可在发展时平衡风险，不因追求自己任内业绩表现牺牲企业长远利益，则属长期备受关注的问题。

实际上，从知名家族的企业传承与接班安排中，我们可以十分清楚地看到，以家族利益为先的家族企业，在某些发展阶段下，确实具有不少诸如效率高、决定快、经营较具弹性等特点。但当发展进入另一周期，或是社会环境有了巨大转变之后，又不能"食古不化"，仍然只有家族的声音与一个角度，而应配合时代脚步，利用现代金融和公司制度来提升企业竞争力，也优化了家族的传承制度。企业管理更要借鉴"中庸之道"——家族对企业虽拥有最后决定权，但管理权则应尽量下放给专业精英。另一方面，董事会不应全由家族成员组成，而应尽量吸纳有名望、受家族信赖和尊重的第三方专业人士。如此一来，才能令企业集各方之长，既能调动企业所有者"作为自己金钱看管者"与企业命运一体、荣辱与共的积极性，又可招揽非家族专业精英为企业贡献更多的能量，从而让企业得以更为健康地发展下去。

廖宝珊家族勇进的"第一代"

在香港，要挑选家族色彩最浓厚的企业——父死子继，甚至是一家大小都在家族中工作，担任要职，老小家族成员又能为家族和企业的荣辱与发展悉力以赴，同时又会在时代变迁下采取"去家族化"举措的，相信非廖宝珊家族莫属（见表3-1）。原因是此家族无论

表 3-1　廖宝珊家族企业"去家族化"之路

年份	事件
1905 年	廖宝珊出生于广东潮阳
1937—1945 年	与家人因逃避战乱而举家移居香港，落脚于港岛西环
1945—1948 年	购入西环德辅道西 404 号 3.1 万平尺地皮（即现今的创兴中心）
1948 年	成立廖创兴储蓄银行
1949 年	成立廖创兴货仓有限公司
1952 年	购入西环和上环一带大量地皮，被称为"西环地王"
1955 年	廖创兴储蓄银行改作廖创兴银行有限公司
1955—1957 年	成立廖创兴置业、廖创兴建筑和廖创兴保险等公司
1961 年	廖创兴银行爆发挤兑事件
	廖宝珊离世，享年 56 岁
	长子廖烈文出任廖创兴银行董事兼常务总经理
1962 年	银行总行迁致德辅道中廖创兴银行总行大厦
1972 年	廖创兴企业上市
	家族成员签署契章，规定非廖氏子孙不能担任董事
1977 年	分行增至 17 间
1985 年	廖创兴银行主席廖烈科（廖宝珊二子）当选立法会议员
1994 年	廖创兴银行分拆上市
1998 年	廖烈科去世，享年 67 岁，银行主席由廖烈文兼任
2006 年	廖创兴银行易名创兴银行
2007 年	银行总行迁往德辅道中创兴银行中心
2009 年	廖烈武（廖宝珊三子）出任创兴银行主席，廖烈智（廖宝珊四子）任 CEO
2012 年	廖烈智宣布引退，CEO 由刘惠民出任
2013 年	广东省国企越秀集团收购创兴银行

是在发迹过程中，或是应对危机之时，乃至最近把家族产业中的旗舰——廖创兴银行，后易名创兴银行，以"迎合新时代，摆脱家族形象"，而最后则将之卖盘出售，等等，均十分清晰地让人看到家族企业极为独特的一面。而要讲述廖创兴银行的故事，必须从创办人廖宝珊的背景谈起。

综合坊间各种资料，祖籍广东潮阳的廖宝珊生于 1905 年 8 月 28 日，应该来自当地的大家族，自小因才华出众、经商有道而闻名。到了 20 世纪 30 年代末 40 年代初，他同妻儿等移居香港，其中一个说法是因日军侵华，潮阳陷落而逃难。踏足香港后，廖宝珊落脚在较多潮州同乡聚集又属商业心脏的港岛西环。初期，廖宝珊主要从事航运和贸易生意，尤其是米和粮油等进出口。

对于这段早期历史，坊间说法不一，不少看来似属穿凿附会。廖宝珊次子廖烈科早年在接受访问时回忆，他在潮阳出生后，6 岁入读旧式学校（书塾），那时每天都要拜孔子；大约在 12 岁时（他生于 1931 年，12 岁应是虚龄，潮州人一般以虚岁计算），受日军侵华影响与家人来港，但在香港生活不久，香港沦陷，与家人返回内地避难，所以他在广州完成中学和大专教育，1945 年香港重光后，才与家人再次踏足香港。

香港重光不久，廖宝珊立即迈出重整旗鼓之路，投入巨资购入了西环德辅道西 404 号 3.1 万平方英尺的地皮连建筑（即现今的创兴中心），并计划将原物业拆掉重建成有 7 间地铺、201 个单位、9 层高的大厦，整个项目的总成本及费用达 600 万港元（除特别说明外，本书提及的货币均为港元，下同）——当时而言实乃天文数字。但该项目却因租客不肯搬迁而告上法庭，扰攘了一段时间才得以解决。由此可见，廖宝珊无论远见、财力乃至社会关系等，均不简单。

从资料上看，廖宝珊和当时的中西官商精英均有深厚交往——非那些短期内致富的"暴发户"所能比的。例如，他与同属潮州名商的颜成坤和陈弼臣等关系匪浅，与东亚银行创办人兼总经理简东浦亦是挚友，与港英政府高层亦颇有情谊。

1958 年 4 月，香港本地报章报道了一则讣闻，指廖宝珊的祖母（廖陈氏）在潮阳去世，享年 106 岁，并指她儿孙满堂，其中一子名廖玉南亦已 83 岁。综合以上各种数据，我们推断廖宝珊应来自潮阳的大家族。

正因廖宝珊来自大富之家，加上具有饶宗颐所形容的"少着叡精之度，长标绝群之能"的个性与特质，尤其是"懋迁有术"，所以无论是香港沦陷时期，或是重光之后的百废待兴时期，他能够目光如炬地看到市场的发展空间。针对香港战后重建初期资金短绌、融资借贷不易的问题，廖宝珊就想到了创立银行以吸纳民间财富的秘诀，所以在 1948 年注册成立了"廖创兴储蓄银行"，法定股本 500 万元，当时的行址设于上环永乐街 128 号（即现今的恒乐大厦），特点是以高息吸纳平民存款。至于他连消带打的策略，即是将从银行中吸纳到的资金，不是借贷出去，而是由本人自己决定，投放到方兴未艾、发展潜力巨大的地产领域。

　　廖宝珊吸纳平民资金的方法，今天听来或许没什么特别，但在那个时代则可谓别开生面，原因是那时的普罗市民，实在难以踏足银行殿堂。具体点说，由于当时的西环和中上环一带，有大量潮州人居住聚集，而大部分在港谋生的潮州人都是社会低下层，他们一般会把微薄的收入，省吃俭用地储存下来，然后到一定数目后，便会汇寄回乡。

　　针对此特质，廖宝珊首先提出了"小富由俭"的观念，鼓励平民小额存款，类似今天社会人尽皆知的"零存整取""积少成多"方法，吸引同乡将血汗积蓄存到廖创兴银行中。其次，廖创兴银行又实行为客户行方便，精简开立账户与提存等手续，加上乡义乡情，所以银行的存款数迅速急升，业务蒸蒸日上。

　　由于有了廖创兴银行吸纳民间资金的稳定财源，该银行创立翌年，廖宝珊已有财力添购地皮，用以兴建货仓。为了便于管理货仓业务，相信也是为了分散风险，廖宝珊旋即成立"廖创兴货仓有限公司"。到了 1952 年，廖宝珊更可谓乘胜追击，趁当时地价仍然较低之时，在西环和上环一带购入大量地皮，难怪他在 20 世纪 50 年代初已被称为"西环地王"了。

　　值得指出的是，或许是货仓生意做得太激进，存储了不少被政府列为危险品的货物，因此多次收到传票，更为严重的，则是位于西环皇后大道西 425 号的货仓，曾于 1952 年 5 月 14 日付之一炬，据消防处的估计，损失高达 3000 万元，在那个年代这绝对是天文数字。不但如此，廖宝珊更因存放危险品罪（当时有 25 条控罪）

被法庭判罚款 26500 元。

　　尽管损失极为巨大，但廖宝珊并没有从此一蹶不振。经过短暂休养生息，到了 1955 年，廖宝珊又有重大动作，这次的特点是放在公司结构和进一步分散投资风险之上。一方面，他将廖创兴银行原来"无限公司"的注册更改为"有限公司"。另一方面，在接下来的两三年间，先后成立了廖创兴置业、廖创兴建筑和廖创兴保险等多家公司。自此，廖宝珊的生意扩张明显更为急速，而且似乎是因为采取了银行、地产投资、建筑和保险多途并进的策略，其中的银行业务发展尤速，且最受关注。

"保守"二代让企业转危为安

　　到了 1960 年 11 月 17 日，随着廖创兴银行另一家分行在九龙深水埗开业，其分行数量在短短数年间已增加到 4 间。可是，就在业务蒸蒸日上之时的 1961 年 6 月，却又突然发生对任何银行而言均属致命打击的挤兑事件，将廖宝珊杀个措手不及。原因是那时的社会突然传说廖宝珊已将银行的钱提光，人也已逃离香港。亦有传闻指出，警方正在调查廖宝珊，言之凿凿地暗示其财政出现问题。

　　受到传言影响，不少存户因担心银行危机会使血汗钱化为乌有，一窝蜂似的拥到廖创兴银行总行及分行，意欲取回存款。尽管廖宝珊已多次召开记者会，澄清银行运作良好，财政稳健，并指

"谣言乃竞争对手的恶毒攻击"，要求民众不可轻信，但情况始终没见改善。

众所周知，银行爆发挤兑，不一定是银行经营不善或投资亏损所致，不少例子是银行仍然获利丰厚、财政稳健。但如果无法拿出有效解决方法，恢复存户信心，则极可能因此倒闭，信用破产。一般而言，解决银行挤兑的最有效方法，是能获得政府或实力更为雄厚的银行全力支持与背书，廖宝珊也只好寻求香港银行界龙头汇丰银行和渣打银行协助，并于1961年6月19日发表声明，宣布汇丰银行和渣打银行会给廖创兴银行提供支持，此后危机得到解决。

但悲剧却也因此发生，据说廖宝珊本人因文件上一些翻译误会而陷入担忧，引致脑溢血猝死，原因是声明中本来指廖创兴银行的"挤兑已受控制"，却被翻译人员错误译成廖创兴银行已为汇丰银行和渣打银行所"控制"（under control），令本已患有高血压的廖宝珊误以为汇丰及渣打乘人之危，并因此去世。

年仅56岁的廖宝珊猝然离世，而且没有立下任何遗嘱，加上他又有一妻两妾、八子三女，坊间难免会有诸多揣测，其中最直接的推断，自然认为廖氏家族必然出现内部冲突，最终会四分五裂。然而，真实情况则是兄弟间在危机当前表现出无比的向心力，结果廖氏家族不但没有出现内斗与分裂，而是取得了更大的突破。

廖宝珊去世后，一方面是一众儿子提早接班，另一方面则进行分家，重要原则是一子一份，而元配亦有一份。有报道指出"家产由八兄弟及廖宝珊的元配陈月明平均摊分"。虽则如此，分家后的廖氏第二代，诸子仍然团结一致，共同应对危机，合力发展家族企业。

必须指出的是，分家并且提早接班的廖氏第二代，在管理家族企业时，既有分工的一面，亦有团结一致、共同进退的一面，另外还邀请了辈分和社会地位较高的在港潮州同乡出任家族企业的高职，看来是想以此平衡家人之间的关系。比如说，廖创兴企业主要由廖烈武打理，廖创兴银行主要由廖烈文打理，其他兄弟则在公司内担任董事或副手之职，其中两位享有崇高社会地位与名望的潮籍叔伯——中华巴士创办人暨主席颜成坤和泰国盘谷银行创办人暨主席陈弼臣——进入董事局，前者更担任廖创兴银行主席之职，董事兼总经理一职由廖烈文担任，廖烈科和廖烈武出任副总经理，作为辅弼。这样的一种领导安排，明显既可减少家族内部矛盾，又有助强化企业治理能力，同时更可提升公司形象，因而使企业顺利走出危机阴霾。

最能说明廖氏家族第二代走马上任后成功化解危机的例子，莫如廖宝珊生前已经上马的中环德辅道中24号的廖创兴银行总行大厦一事。第二代接手后，不但坚持不要因家事影响建筑工程，还加强督促工程，令该项目于翌年如期落成。此举毫无疑问对社会和市场发出有力和清晰的信号——新领导有能力，家族内部够团结。接着，家族又将核心银行业务搬到新大楼，令其获得更好的发展舞台。尽管如此，经历银行挤兑与创办人猝然去世沉重打击的廖创兴企业与廖创兴银行，在扩张和发展等问题上明显变得较为保守，而这样的举动也不难理解。

1962 年廖创兴银行搬进中环德辅道中 24 号新落成的总行大厦，到 1972 年家族决定将廖创兴企业上市的 10 年间，在廖氏第二代的领导下，尽管在不少层面上的发展没有如廖宝珊领导时扩张急速，但也没有裹足不前，而是明显调整了发展策略：在进攻前先做好防守部署，到真正看准机会后才发动攻击。

因此，当第二波规模更大、来势更为汹涌的针对华资银行挤兑事件 1965 年爆发时，不少华资银受到波及，如行明德银行和广东信托银行因此清盘，而实力雄厚的恒生银行也易手他人时，廖创兴银行却丝毫无损。接下来的 1966 年及 1967 年，当香港出现两次动乱引致社会动荡、人心不安时，在廖氏第二代领导下的大小企业，同样能够履险如夷，说明自第二代接班之初相对稳健的策略，令其避过了一连串危机与挑战。

影响深远的家族"契约"

与此同时，第二代领导人也在抓住机会进行市场开拓，尤其在 20 世纪 70 年代初，当房地产市场和股票市场一片火热时，廖氏第二代亦如不少目光如炬的华人企业家般大展拳脚，既大量吸纳地皮，发展房地产生意，同时又趁着股票市场开放导致股市炽热的时刻，将一向集中房地产业务的廖创兴企业于 1972 年 10 月底上市，发行 1000 万股股票，每股作价 5 元，集资 5000 万元。

从公司上市文件看，廖创兴企业当时拥有的地皮和物业包括：港岛中环德辅道中 24 号的廖创兴银行总行大厦、九龙旺角弥敦道廖创兴分行大厦、港岛干诺道西 181—183 号货仓、港岛永乐街 157 号、159 号、161 号及 163 号地皮连物业、港岛干诺道西 167 号地盘等，都处于香港商业中心地段，租金收入极为稳定。廖创兴企业上市的招股书还披露了廖创兴银行的分行数目，其时共有 10 家，显示在过去的 12 年间，分行增加了 6 家。此点进一步说明，自第二代接班以后，廖氏业务尽管并没有急速发展，但亦非如坊间印象般的毫无寸进。

同样从招股书中可以看到，廖氏集团持有廖创兴企业一半股权，而廖创兴银行则由廖创兴企业全资拥有。值得指出的是，在决定将廖创兴企业上市前，据日后传媒披露，廖氏家族成员曾经通过内部协商的方法，达成了共识，并于 1972 年签署了一份家族成员承诺共同遵守的契约，写入了公司章程。其中的重点是，明文规定非廖氏子孙不能担任董事。目的明显是为了防止祖业外流，落入非家族人手中。

据《明报》报道，"1972 年契约"有如下内容：

一、若廖氏集团股东转让股份，要先向集团其他股东按比例出售，价钱是股份"价值"的九五折（"价值"指廖氏集团持有的 45% 廖创兴企业股权的市值，根据最后 30 个交易日的平均收市价计算）；

二、若有个别股东不愿意购入可认购的部分，转让人就要将有关股份向集团其他股东发售，直至全数出售；

三、如果没有股东愿意买入股份，转让人要放弃其股权，他将收到相当于廖氏集团清盘时股东可收到廖创兴企业股份分派的 95%；

四、仅廖姓人士可以担任廖氏集团董事；

五、廖氏集团的男性董事，可通过遗嘱委任妻子、儿女出任集团董事；

六、除非是法院指令，契约的约束力不会受其他信托影响。

廖创兴企业上市不久，香港股市因泡沫破裂，给无数投资者带来了沉重打击，接着出现全球性"石油危机"，又令香港经济陷入了漫长衰退期。在这个经济低迷时期，廖创兴企业和廖创兴银行亦受到不少影响，幸好前者的物业主要用作收租，后者则因一向较为保守的投资借贷策略，所以打击不算致命。事实上，也正由于廖创兴银行采取了较为保守的策略，当经济低迷时仍能继续发展，所以1975 年当其他银行已收缩投资时，它却能开始进行计算机化，算是较早进行计算机尝试的银行。

到了 1977 年，廖创兴银行分行数目已增加至 17 间，并在旧金山成立了办事处。5 年间增加 7 间分行，可见其业务一直稳中有长。

在以后 20 年间，不但廖氏家族旗下的物业、银行和保险等业务保持着不断扩张，更有了"商而优则政"的开拓迹象。最突出的是廖烈武，他于 20 世纪 70 年代初开始担任香港足球总会主席，为本地体育事业作出贡献，带有争取政治影响力和社会名望的意味。

与此同时，一直被视为家族"大公关"负责对外的廖烈科，则采取了直接参与政治的道路。他于 20 世纪 80 年代初披甲上阵，参与了中西区地区议会（港英时代的地区议会）间接选举，并成功取得席位，踏上了参政之路。1985 年，他又参与立法议会的竞逐，同样取得成功，而他作风硬朗敢言，又令他成为政坛新星、传媒争相采访的对象。由此可见，经济与金融力量已全面发展和整固的廖氏家族，明显已不再甘心只是停留在商业层面，还渴望政商多途前进，增强本身的影响力。

时移境迁：坚守祖业信心动摇

20 世纪 90 年代，当香港已经进入主权回归的过渡期时，廖氏家族的发展也到了另一重要阶段。那时，自 60 年代初一直担任廖创兴银行主席的颜成坤，因为年纪已大，宣布退任主席之职，由廖烈科接任。接着，廖氏家族的第三代如廖尧城（日后改名廖骏伦）、廖铁城和廖俊城等，又在学成归来后相继加入企业，在不同层面上参与公司业务管理，显示家族企业已启动了第三阶段传承接班的部署了。

更为重要的是，到了 1994 年，廖氏家族最终决定将创兴企业旗下的廖创兴银行分拆上市，标志着家族企业的发展进入另一里程碑。从上市前资料看，当时的廖创兴银行在全香港拥有 31 间分行，市值估计已达 40 亿元，其中的税后盈利由 1989 年的 1.01 亿元，按年上升至 1990 年、1991 年、1992 年及 1993 年的 1.17 亿元、1.58 亿元、2.07 亿元及 2.73 亿元，显示银行盈利一直稳定，而且保持增长。

廖创兴银行上市的股票首次发行总额为 1 亿股，每股作价 10 元，集资 10 亿元，结果获得了 9 倍超额认购，在当时市场气氛颇有起伏的情况下，算是不错的表现了。而银行上市后，基本上亦能保持稳健发展的势头——虽没惊人表现，但也能给股东稳定回报，这在"亚洲金融风暴"的背景下也非常难得。

可惜，就在 1998 年，已在政坛上打下重要基础的廖烈科，一次到泰国普吉岛度假时突然因病去世，给家族接班与政治参与等层面带来深远影响，或者说打乱了原来的某些部署与计划。而廖烈科去世后，廖创兴银行主席之职由廖烈文兼任。

进入 21 世纪之后，不少第三代成员已经在家族银行或企业中参与管理多年，且第二代成员已进入暮年，新一轮的传承交替又进入了必须进一步交棒的阶段了。如何妥善处理，减少负面冲击，是任何家族必须认真考虑的重要问题，廖氏家族的第二、三代当然明白问题的重要性，并开始进一步绸缪。更加值得注意的是，在这个新时期，中国与世界的发展形势亦发生了重大变化，简单而言是西方国家的经济持续下滑，甚至出现诸多危机，而中国经济则持续上扬，成为带领全球经济前进的火车头，人民币在全球金融体系的流通与使用日益增多。

在这种格局下，香港的经济和金融环境也有重大变化，最明显和直接的是，不少内地实力雄厚及规模巨大的银行先后涌入香港发展业务，人民币业务成为其"主打"。这令实力相对薄弱的像廖创兴银行这样的华资家族银行失去了原有的竞争优势。

从另一角度看，当时的香港华资家族银行，也成为不少国有银行或企业向外拓展的理想"踏板"。一方面，香港华资银行察觉到本身的竞争力正在下滑，家族内部又出现进一步接班传承的问题；另一方面，来自内地的国有银行或企业，需要根基牢靠的本土银行作为支撑。

进入 21 世纪之后，银行竞争已日趋激烈：存款战、贷款战、利息战、人才战等，无一不是刀光剑影，频频发生。现实问题是，尽管香港的金融业自 20 世纪 80 年代以来不断发展，国际金融中心地位日渐提升，但整体市场趋于饱和，竞争更见白热化。银行业这块蛋糕，在愈做愈大的过程中，本地华资银行（包括证券公司）却渐渐被边缘化，因此不少华资家族银行萌生退意也是情理之中。正因如此，当时的国有银行与华资家族银行之间可谓"两情相悦"，促使双方展开接触和商谈。

不过，在初步接触摸底之后，双方对于买卖价格明显存在预期偏差，所以商谈无功而返。其中一个传闻是，与廖氏家族展开洽商，讨论收购廖创兴银行控股权的是四大国有银行之一的中国农业银行。当时后者最多答允斥资 78.3 亿元进行收购，即每股作价为 15—18 元。这个价格被廖氏家族认为太低，因而初步商讨无疾而终。

从廖氏家族成员愿意接触商讨的举动来看，他们并非如坊间所预期的将祖业视作祸福与共、命运一体的看法。恰恰相反，那时的第二代已经到了决定引退、将领导大权交到第三代的关键时刻，他们愿意与农业银行进行商谈，很可能是家族内部有不同看法和声音，而出售控股权一事也可能被视为可行的选项之一。由此观之，家族坚守祖业的决心，并非不能动摇。

"去家族化"安排下的华丽隐退

从事后发展进程看来，若可以将企业与家族命运一体的包袱卸下，加上收购价钱合理，廖氏家族不会拒绝出售廖创兴银行。至于这两方面的问题，看来也是当时廖氏家族成员在深思细虑和商讨之后达成的"共识"，因而这成为他们在接下来的日子里共同协调努力的方向。

现在看起来，第一次洽谈廖创兴银行转手未能成事后，廖氏家族对于银行的发展，似乎有了"以进为退"或"声东击西"等一连串举动，具体的行动表现在三个方面。

一是银行易名。为了说明银行上下一心、朝气蓬勃而非暮气沉沉，将银行中的"廖"字姓氏去掉，并在2006年11月29日的廖创兴银行特别股东大会上，以全体股东决议的方法进行。使用了接近一个甲子的名字"廖创兴银行"摇身一变成为"创兴银行"，此举无疑成为"去家族化"最鲜明的例子，令财经界人士觉得其目的明显是为了卸下家族包袱，为有机会卖盘做好准备。

二是改变银行"包装"。除了银行名称的改动，家族还采取一连串其他措施，宣布更换上下职员的制服、银行摆设、门面装修等等，为银行打造一个清新、活泼、专业、现代及前卫的形象，令市场耳目一新，以摆脱过去保守与落后的色彩。

三是拓展银行网络与业务。为了配合"易名"与"大变身"的举动，银行还宣布重大开拓策略，表示会斥资过千万元，积极开设分行，扩展服务范围，目标是在当时（截至2006年11月底）已拥有41间分行的基础上，借增加分行数目、提供更多金融服务以开拓市场空间、吸引新客户，并希望将业务拓展至香港以外地区（尤其是中国内地）。

在这三大进取策略的主导下，银行管理层开始变得高调起来。2007年1月23日举行的新总行启用仪式则是最好的说明：当天仪式极为隆重，不但邀请了时任财政司长唐英年、财经及库务局长马时亨、金融管理局总裁任志刚，还有不少商界名人，例如李嘉诚、邵逸夫、郑裕彤和罗嘉瑞等逾300人出席，令整个银行大堂水泄不通，传媒的镁光灯闪个不停。

仪式上，时任银行主席兼 CEO 廖烈文致辞表示，自银行于 2006 年改名以后，已一口气在新界不同地区开了 8 家新分行。香港以外，还有 3 家分行，分别在汕头、澳门及旧金山，另有 2 家代表处，位于广州及上海。投入改变银行形象与宣传的资金，则已高达 1000 万港元，可见银行积极拓展的雄心壮志。

易名变身、形象一新的创兴银行，发展格局看似气势如虹。与此同时，由伍宜孙、伍洁宜创立的永隆银行，2008 年 5 月宣布以 193 亿元出售给招商银行。不少投资者随即揣测其他华资家族银行很可能会跟随伍家的做法，走上卖盘之路，创兴银行是其中最受注目的对象之一，相信给廖氏家族带来不少压力。可惜，就在市场出现不少"猜想"与炒作之时，美国爆发了席卷全球的"金融海啸"，令世界及本地的金融受到巨大打击，相关的股权洽购行动也因此戛然而止。

就在内外金融环境仍然风雨飘摇之时的 2009 年 11 月 25 日，年届 79 岁的廖烈文宣布退休，不再出任银行主席兼 CEO 之职，只保留了"荣誉主席"的挂名，主席一职由年已 71 岁的廖烈武接任，CEO 一职则由已经 65 岁的廖烈智顶上。也就是说，从那时起，主要的行政实权已经交到廖烈智手上。

上层职位的腾挪，自然带来下方一连串人事与职位变动，其他家族成员例如廖骏伦、廖铁城、廖俊城等，亦有位置与头衔上的提升与转换，算是为世代更替迈出重要步伐。由于第二代交棒给第三代的安排，已经到了最后阶段，而构思银行卖盘一事，又可能已经到了势在必行的地步，所以个别兄弟（房）也许会有自己的不同打算或思虑。正因如此，家族内部此时爆出一段引起社会高度关注的插曲——长房廖烈文于 2011 年以 5 亿元作价，把其夫妇手上持有的廖氏集团权益，悉数转售给儿子廖骏伦持有一定股份的上市公司民丰企业手中，因而触动了家族的内部矛盾。

之所以如此，与廖氏集团乃廖创兴企业的控股公司，而后者则掌控创兴银行的纠缠关系有关。也就是说，廖氏集团持股情况的转变，会牵一发而动全身地左右家族旗下众多企业的控股状况，令其他家族成员的自身利益受到影响，由此势必引发家族内部的矛盾与角力。

综合各方数据显示，廖骏伦是通过一家他本人未能拥有绝对控股地位的小规模公司——民丰企业，购入廖烈文手上持有的廖氏集团权益，此点之所以会埋下家族成员不满的祸患，是因为廖骏伦只持有民丰企业 17.6％股权，其他基金股东如 VMS、Penta Investment 及 PMA Capital 则合共持有近 25％。不但如此，民丰控股不久即宣布，委任新世界发展的郑裕彤孙儿郑志明为非执董，"令市场揣测，新世界或想以此染指廖氏集团或创兴银行，增添廖氏家族成员的忧虑，并成为今次交易被拒的催化剂"。

根据家族成员在 1972 年订定的契约，非廖氏家族成员不能担任廖氏企业的董事，但廖骏伦只持有民丰企业不足二成股权，有可能导致非家族成员进入廖氏集团的局面，所以身为创兴银行领导人的廖烈智，对廖烈文与廖骏伦父子的交易提出异议。或许是基于避免家族内部矛盾，减少亲人内耗的考虑，廖烈文父子最后决定取消原来的交易，并将股权转售与廖烈智，看似如箭在弦的家族争议戛然而止，算是化解了一场可能成为社会茶余饭后话题的争端。

自此之后，家族将焦点放到与目标人物洽谈股权收购的行动上，具体的举动反映在某些人事调动与任命上。举例说，2012 年11 月 28 日，创兴银行召开记者会，公布了一连串董事会及高层成员变动。其中最惹人关注的是担任 CEO 不久的廖烈智宣布引退，由非廖氏家族的刘惠民出任。至于作为廖宝珊嫡长孙的廖骏伦，亦同时引退，不再参与创兴银行管理，此点同样备受关注，引起不少市场猜测。

从资料上看，在银行界服务超过 20 年，只有 54 岁的刘惠民表现卓越，但由他接掌银行领导大权，而非同样在银行内服务超过 20 年，年龄只比其年轻 3 岁，且属家族成员的廖铁城，则明显意味深远。所以市场判断此安排是为卖盘作出最后部署，简单而言则是将出售股权的最终决定或"操刀"动作，交到非家族领导人手上。有评论这样说："因为廖氏有感情及家族的枷锁，所以转用非廖姓之人处理"，让家族来个"华丽引退"。

借市场的定价功能和平"分家"

一如所料，刘惠民担任创兴银行 CEO 不久，市场已传出廖氏家族与收购者基本上已达成协议，只是某些细节安排仍有待敲定，原因在于如何计算创兴银行的价值问题上。那时，廖氏家族共持有银行五成半股权，而银行又合共拥有 51 家分行，并持有香港的金融牌照，可以经营期货、财务、保险及银行等业务，所以股价尚需时日确定，之后又必须经过双方的一连串内部审批等手续。

2013 年 10 月 25 日，收购一事终于瓜熟蒂落，买卖双方召开记者招待会，收购方是广东省国企越秀集团，当时的作价为每股 35.69 元，目标是收购创兴银行已发行股份的 75%，越秀集团总共需付出 116.44 亿元。该交易于 2014 年 1 月正式获得相关部门批准。从此，创兴银行脱离了廖氏家族，成为越秀集团的一员，踏上了全新的发展道路，而廖氏家族从此则将财力和精力集中于廖创兴企业及其他生意上，标志着家族发展走向另一里程碑。

从这个过程中可见，第一波洽谈银行卖盘无功而返后，廖氏家族一方面进行了一连串"去家族化"的努力，消除家族情感纠缠；另一方面又采取了各种让人觉得十分进取的发展策略，看似希望有另一番作为，但实际上，有可能都是在为卖盘套现、全身而退铺路。如果深入思考家族最终决定退出的原因，不难发现两大问题不容忽略：其一是家族银行自进入新世纪后，经营环境明显已不同往日，优势欠缺。其二是到了那个时期，家族恰巧又已进入第二波的交棒接班阶段，下一代各房子孙间很可能各有想法与计算，因而令卖盘成为较好的"分家"选项。由此看到，促使家族进行"去家族化"努力的真正动机，很可能是为减轻卖盘的心理压力，借以摆脱"家族的枷锁"，令家族不纠缠于情感之上。在察觉竞争力日渐消失，而银行仍"有价有市"之时全身而退，亦不失为"见好就收"的理性且深具智慧的决定。

本章结语

沿着家族企业发展的历程看，无论是创业阶段，或是应对危机之时，乃至于此后的接班和传承之际，家族与企业命运一体，荣辱与共，都是企业发展的核心动力，但是当家族进入传承接班之时，由于内部关系和力量发生变化，如何应对就变得十分关键。企业分拆上市、"去家族化"，乃至卖盘求售的连续安排，很可能让人觉察是与传承接班问题紧密相连、互相影响。

由于奉行诸子均分，相信"家大必分、鸟大离巢"的传统智慧，廖氏第二、三代对分家一事应无异议，但资产到底价值多少？以及如何能令不愿继续留在家族企业中的成员有更好的退出机制？有关这方面的问题，心思缜密的廖氏家族成员不得不想，亦不能不防。而将企业上市或分拆上市，借市场的定价功能，让企业的价值更为客观地展示出来，从而减少分歧和争执，化解内部矛盾，明显成为他们分家的重要举措和部署。因此，将廖创兴银行分拆上市不出 10 年的时间，即传出了卖盘的消息，更折射了家族借企业上市以更有效落实分家安排的痕迹。

更值得深思的问题是，处于那个传承接班的重要时刻，又察觉到本身家族生意的竞争力不够时，家族内部明显能够理性地达成卖盘转手的决定，而利用一连串"以进为退"的策略，甚至进行"去家族化"等安排，又能有效地消除内部矛盾、情感与纠缠。由此观之，对于家族而言，传承接班明显是家族企业发展过程中最为波动的时期，必须正视。至于曾历危机、见惯风浪的廖氏家族，显然明白当中的巨大挑战，因而能够针对时代转变顺水推舟，在银行转手卖盘的过程中完成了家族第二波的交棒，一石二鸟。

第四章

继承：不只是财富转移的安排

吴光正与李嘉诚的所见略同

- 继承是企业基业长青的重大考验。
- 及早分家，一方面可调动子女的积极性与责任感，另一方面则可化解分家太晚埋下亲人反目的危机。
- 李嘉诚和吴光正背后的思考原则，可谓英雄所见略同。
- 成功的家业传承必须实现四大资本（经济资本、人力资本、网络资本、道德资本）的同步传承。

吴李二人的传承思考

在香港这个重商的社会，产生了多如恒河沙数的大小企业家，当中更有不少世界级巨富。然而，受生命规律生老病死的影响，近年这一代富豪人群相继迈入了必须传承接班的阶段，所以他们的一言一行、一举一动——包括投资去向、健康问题、感情寄托，以及接班安排等，都吸引了中外社会的眼球。

2013 年 10 月 27 日，时年 67 岁的会德丰主席吴光正（生于 1946 年），在集团业绩发布会上正式宣布将主席一职交给年龄只有 35 岁的独子吴宗权，显示家族在接班方面迈出了极为重要的一步。消息一出，立刻引起社会和市场的广泛关注，各界关注的焦点有两个：其一是吴光正只有 60 多岁，突然宣布退休自然不免引起了是否参与香港"特首"选举等揣测；其二是过去甚少为人认识的接班人吴宗权，自然吸引无数镁光灯追逐，大家希望了解其学历、工作乃至感情等经历。

吴光正安排儿子接班新闻出版之日，《南方都市报》刊出了对当时年届 85 岁（生于 1928 年）的李嘉诚进行的洋洋洒洒数万字长

表 4-1 吴光正与李嘉诚的接班路

	吴光正	李嘉诚
年龄	71 岁	89 岁
2017 福布斯香港富豪榜排名	第七位	第一位
子女	一子二女	二子
主要企业	会德丰、九龙仓	长实、和黄
退休时间	·2013 年退休 ·只担任首席顾问	·未退休 ·仍担任集团最高决策人
传承理念	·非传统地"均分" ·各自为自己的业务负责 ·及早分家 ·及早安排子女接班 ·为接班人建立良好形象	·非传统地"均分" ·及早进行分家 ·一人承业、一人创业 ·为接班人建立良好形象
家族接班人	·独子吴宗权（1978— ） ·2005 年加入会德丰 ·2014 年 35 岁接任主席	·长子李泽钜（1964— ） ·1987 年加入长实 ·现为集团联席董事总经理兼副主席
经济资本转移	·物业地产业交吴宗权 ·百货零售业交吴宗恩 ·（未明）吴宗明	·长和集团交李泽钜 ·鼓励及协助李泽楷创业
人力资本转移	·建立专业治理团队	·建立专业治理团队
网络资本转移	·由具有极为深厚网络资本的老臣协助	·集团董事各有网络资本
道德资本转移	·注重家族名声 ·慷慨捐赠	·设立李嘉诚基金会 ·注重家族名声 ·慷慨捐赠

本章内容完稿于 2018 年，那时李嘉诚尚未退休，我们的分析以当时背景为基础。

篇访问，就坊间有关他撤资、儿子曾遭绑架、指摘"地产霸权"等多个问题进行了深入访谈。当谈及继承接班安排时，似乎与吴光正大异其趣，成为不少人茶余饭后的话题。

李嘉诚对接班问题的回应是"我已做好退休准备，但现在还没有这个计划"，而进一步的解释则是："我原本打算提早退休，不过现在经济环境有很多变化，无法预料。"当然，为了让记者（或投资者）放心，李嘉诚还补充道："Victor（长子李泽钜）跟我工作快30年，他对整个集团非常了解……即使在下一个小时把公司完全交给 Victor，相信他与所有同事也可好好地经营，我不担心。"（《星岛日报》，2013 年 10 月 29 日）

若比较吴光正及李嘉诚这两个香港巨富家族（见表 4–1），可发现他们的接班与传承安排以及其行动背后的计划与思考，由此可能引申出来的问题其实异中有同。

吴光正的传承接班安排

相对于李嘉诚家族，吴光正家族可视为已经富过数代的家族了，因为吴光正的企业与财富，基本上是传承自岳父包玉刚——他接管岳父留下的企业后亦青出于蓝。而且严格而言，包玉刚本身亦非如坊间描述般白手兴家，而是立足于他父亲包兆龙打下的基础再作发展。因包兆龙早年已通过经商积累了财富，并拥有一定的商业网络与人脉关系——虽然名扬天下的是包玉刚本人。也就是说，当时吴光正计划将家族企业的领导权传给儿子吴宗权的安排，其实已是第三代计划传承给第四代了，这也间接说明坊间传媒形容吴宗权为"富二代"，实在是对这个家族缺乏了解。

由此引出一个有趣问题——在这个第三代计划将家族企业的领导大权传给第四代的进程中，由于吴光正曾经历了岳父安排接班过程，而在他接手企业后又能不断发展，所以到他自己进入暮年之时（虽然他仍然十分健康），显然他早已想到如何才能更好地传承接班的问题，并相信会很自然地令他想到本身的经验，尤其会在深思细虑后，决定学习岳父的做法，及早作出传承接班的计划，确保家族企业的持续发展。

包玉刚的传婿智慧

到底吴光正当年如何在岳父安排下逐步走上传承接班的道路呢？这个交接经验给他带来什么启示呢？

最吸引传媒眼球，令美国哥伦比亚大学毕业的吴光正正式为社会所认识的，自然是 1980 年 6 月 22 日傍晚，他在中外传媒的众多镁光灯下，陪同岳父包玉刚在记者会上宣布收购九龙仓一幕。该举动一方面展示了包玉刚的睿智与魄力，同时亦简洁有力地描绘了吴光正年轻有为的接班人形象，与岳父有如沙场上的"父子兵"，并肩作战。由于他们在与英资龙头企业怡和集团争夺九龙仓控股权的一连串明争暗斗行动上，不但识破了该集团的突袭与进攻手法，更因早有准备，争取到汇丰银行的强大资金支持，因而可以连消带打地作出强有力的迎击，打败怡和集团，夺得了九龙仓的控股权，赢得十分漂亮的一仗。

撇开别的不谈，单从传承接班角度看，包玉刚同女婿吴光正于1980年狙击怡和集团收购九龙仓，然后高调召开记者会的这一幕，无疑有助于树立接班人的良好形象。而吴光正在岳父"弃舟登陆"，然后积极向外扩张之时披甲上阵，协助岳父收购九龙仓的种种行动，不但可以证明自己的实力与才干，赢取岳父信任，更加可以从风浪险阻中学习商场征战的实际经验，从而建立自己具胆识、有魄力、能应变的未来领导者地位，一举多得。

成功企业必然注重包装，要高效完成接班过程，则必须为新领导建立令人信服、具备号召力，甚至是奠定江湖地位的形象。由于有了与岳父并肩作战、收购九龙仓的重要一役，吴光正迅即树立了个人颇具才干、年少气锐的鲜明形象，在完全消化九龙仓的管理与投资之后，获得岳父进一步肯定，1982年被委以更大的重任——即九龙仓和会德丰的管理大权交到他手上，令他有了更大的舞台可以一展所长。《香港经济日报》曾报道，对于当年岳父的信任、付托和积极给予机会，吴光正这样回忆说："1982年，包玉刚委以我领导会德丰及九龙仓之重任，当时我36岁。"

在形象大过天的现代社会，无论产品的良好形象、企业的良好形象乃至个人的良好形象，都是极具价值的。众所周知，良好形象不但是争取信任的无价之宝，更是赢取拥戴及感召的代名词。正是因为吴光正本身能在传承接班之初建立起良好形象，令他日后在开拓事业过程中有更大的驰骋自由度，到他要思考自己下一代的接班问题时，很自然地以之作为学习的典范。至于具体的经验总结，则可概括为如下三方面：及早分家、及早安排子女接班，以及为接班人建立良好形象。

传承三部曲之一：及早分家

及早进行分家，让子女各有努力方向，并对本身事业的发展负责，此点亦是包玉刚生前已做好的传承接班安排——将不同生意与投资分给四名女儿及女婿，而且是"男的干事业，但主事权还是握于女儿手中"，女儿与女婿各有分工，互相配合。及早接班，是要趁本身仍身强力壮之时，安排已经学有所成的下一代接班人有充分的学习空间和机会。至于重视对接班人良好形象的建立，则是要让其能树立起具才干、有魄力、能应变的未来领导者地位。

正如笔者在《创业垂统》中的"航运地产并举的包玉刚家族"一文中提及，包玉刚晚年时，将一生打拼下来的家族企业分给四个女儿及女婿，长女包陪庆与长婿分得环球航运的航运航空生意，次女包陪容与次婿分得会德丰与九龙仓的地产生意，三女包陪丽与三婿分得了贸易生意，四女包陪慧及四婿（后离异）分得了金融投资生意，让各人拥有属于本身的生意或事业，大家互不干涉。尽管后两者并非上市企业，坊间对其发展所知不多，但其接班后的发展，其实应该并不逊色。

如果我们将视野集中在吴光正身上，并探讨其如何安排子女——他与太太包陪容共育有两女（吴宗明、吴宗恩）一子（吴宗权）的接班问题，不难看到在他领军打拼事业约30年，已取得像岳父般辉煌的成就后，在进入新世纪第二个十年，他年满六十，儿女已长大成人，甚至进入而立之年时，很可能想到当年岳父所思所想的薪火相传问题，并颇有萧规曹随地做出了趁儿女年纪轻即安排接班、及早分家，以及为新领导班子建立良好形象以方便其走上接班道路的三方面安排。

在及早分家方面，尽管吴光正夫妇只有两女一子，与上一代的包玉刚夫妇育有四个女儿相比，数目上只是略少而已，但吴光正显然不敢掉以轻心，在夫妇二人年龄尚未进入花甲之前——在今日社会而言甚至可说属于十分壮健的人生阶段，即目光敏锐地采取行动，及早做好准备，将主要业务分家，而其安排则非如传统方法般只是追求片面"均分"。按吴光正的说法：

> 分家是一门艺术……子女分家后，不论好坏，各自负责，一分耕耘一分收获，冷暖自知。

另一方面，他又曾经表示，生意的传承并不能简单化、均等地平分，分家后，子女只会为自己的业务负责，谁都不插手另一个人的生意。这意味着在吴光正心目中，分家并非强调刻板的、绝对化的"均分"，例如将一个苹果切为三，便算均分，而是按性质与现实条件分配。至于促成分家的原因，除了子女长大成人的考虑，更加重要的因素，则是为了让子女可在分家后，为自己的业务与成败负责，大家互不干预其他人所专注的事业，让彼此均可尽展所长。

在这两个重要原则的主导下，吴光正将主要的地产业（会德丰与九龙仓）留给儿子吴宗权，百货零售生意连卡佛（Lane Crawford）及载思时装（Joyce Boutique）交给女儿吴宗恩，另一女儿吴宗明亦按其兴趣分得其他东西。这样的安排，一方面可调动子女的积极性与责任感，另一方面则可直接化解太晚分家所埋下的亲人日后反目争产危机，至于背后的思考或原则，明显与包玉刚当年的安排并无二致。

传承三部曲之二：及早安排子女接班

对于不少家族企业而言，接班人的培育是自出生一刻即开始的，除了家庭教育，更为重要的当然是长大后将其送进高等学府。所以早年曾留学美国的吴光正夫妇，在三名子女在港完成基础教育后，也将他们送到美国接受西式教育，其中较为人熟知的是吴宗恩入读了美国著名学府韦尔斯利学院（Wellesley College，宋庆龄三姐妹曾就读的学校），取得了心理学学位。吴宗权则毕业于普林斯顿大学建筑学院，取得建筑工程学位，吴宗明的资料则很少，不仅求学经历难查，也缺少她工作与生活的消息，这也反映出她的作风极为低调。

子女学有所成后，吴光正先安排他们到别人的公司实习与工作，例如吴宗恩曾在多家世界著名时装公司实习，又走遍世界各地的大小时装店，了解其运作与经营。之后才进入家族掌控的连卡佛与载思时装，并逐步由低往高升迁。由于她在接手家族的时装百货时表现突出，同时亦做出了业绩不断提升的好成绩，最后升至最高主管，深得父亲的支持与欣赏，并最终决定将这一重要业务分给她。

吴宗权的接班安排与吴宗恩的情况大同小异。大学毕业后，吴宗权被安排到瑞银房地产企业融资及 UBS Triton 基金等机构任职，主要工作是负责并购与资产管理，之后 2004 年才被召回家族企业，加入会德丰。初期，他被派到不同岗位工作、实习，积累经验，吴光正之后才逐步将重要任务交给他。

经过约十年时间在会德丰不同部门的磨炼，到了 2013 年，吴宗权获委任为集团常务董事，接着破格获任集团主席之职，吴光正踏出了交棒接班的重要一步。2015 年，吴光正宣布退任会德丰旗下的九龙仓主席一职，只出任集团高级顾问，但这次安排，却非如社会预期般转交儿子吴宗权，而是由一直与吴光正并肩作战多年，深得其信任与赏识的老臣吴天海。与此同时，会德丰旗下另一附属公司会德丰地产的主席一职，则由另一在业界资历甚深的老臣梁志坚担任，此举明显让人看到他一心想让儿子在老臣辅弼与监督下接受进一步磨炼与考验，为推动下一阶段的全面接班铺路。

毋庸置疑，在处理下一代接班的问题上，吴光正似乎一直表现得成竹在胸，这或许因为他觉得岳父那一套确实有效，所以深信不疑。事实上，对于家族的接班问题，他在接受《星岛日报》记者采访时曾这样回应：

接班的事都是按部就班、水到渠成，不可以急，亦不可以慢，适当时候会给他更多机会。公司的透明度也很高，将来集团都会交给吴宗权。

传承三部曲之三：为接班人建立良好的形象

新领导的接班，最担忧或不利的，相信是给人"阿斗"的形象，贴上负面标签。因此，在思考如何更好地迈开接班步伐时，为新领导建立良好形象就显得极为重要，因为有了良好的形象，更容易号令四方，感召跟随者。对于此点，当年以年轻有为与岳父并肩作战形象示人的吴光正，显然体会良多，所以相信他亦会十分重视自己接班人的形象建立，这是新领导人踏上接班之路的极重要一步。而吴宗权开始被人认识时，则是"阳光运动型大男孩"的形象。

当然，要建立新领导的良好形象说易行难，吴宗权能够赢得传媒给予"阳光运动型大男孩"的称呼，除了有个人外形、衣着和谈吐举止等因素，更重要的则是其个人过去的表现。掀开吴宗权日渐受传媒关注的过程，不难发现其"阳光运动型"年轻有为且十分健康的形象塑造或建立，并非无缘无故，而是颇有一番努力与经营的结果。最让传媒眼前一亮的，是2011年农历新年，吴宗权曾于石澳拯救一名遇溺老妇，而他更在救人后即时离开，没有博取镁光灯注视或是被救者的答谢。后来据说是因电台曝料，人们才知道他原来是一个无名英雄。

可以想象，一位热爱运动的富家公子，在碰到老妇遇溺时奋不顾身救人，救人后更是默默离开，不求答谢，亦不争取曝光，这样的英雄形象，多么吸引社会与传媒的注视。确实，当这一消息被披露后，有记者立即找上吴宗权求证，他的回应则是轻描淡写的"没什么"。当时《东方日报》记者的报道如下：

> 记者昨午致电吴宗权查询事件经过，他初时表示正在开会，并指任何人都会这样做。被问及是否经常到石澳泳滩游泳，他说只是正好到该泳滩，刚巧见到有人堕海，当然会救人，并谦称"没什么"。吴宗权坦言他只是帮助有需要人士，而且他擅长水上运动。

与其他新闻报道的手法一样，记者除了求证及报道了吴宗权的救人事件，当然还追踪了他的过去、性格、习惯与公私职务，其一是发现他在加入会德丰后的 2006 年，曾代表香港参加多哈亚运水球比赛，后又曾参加香港的慈善渡海泳，进一步确立吴宗权的"阳光运动型"年轻有为与"具人气"的健康形象。其二是发现他热心公益，例如出任百仁基金会副主席、香港公益金董事、世界自然基金会香港分会董事委员会成员等，显示他拥有一颗仁厚慈爱之心。其三是发现他曾担任多项公职：北京市政协委员、香港菁英会副主席，以及特区政府环境及自然保育基金委员会委员等公职，愿意服务社会。

"勇救老妇"一事揭示了吴宗权的义举以及在众多层面的良好品格，尤其让人看到吴宗权并非坊间刻板印象中的纨绔子弟，只知坐享其成、乐不思蜀、不理民间疾苦，而是充满了良好形象的"阳光气色"。所以在日后的大小公司业绩发布会或是其他社交场合上，很多时候吴宗权会被记者描绘为胸怀仁心，为人厚道有礼，热心服务社会的有为青年，这样良好的形象，对吴宗权走上接班之路肯定具有极为正面的作用。

从严格标准上说，吴光正的传承接班安排虽然始于 2003 年让吴宗权进入会德丰工作，且在短短 10 年时间考验后即让其登上大位。尽管新领导的形象良好，但毕竟尚未立下战功，实质才干与能力如何，尚待真正考验，因而很难在现阶段即可下判断，得出传承成功的结论。尽管如此，我们确实可以看到，吴氏家族已经及早做好了分家与接班的安排，因而可大大消除内部矛盾，无后顾之忧，加上吴光正本人仍身壮力健，政商人脉关系网络极为深厚，就算吴宗权在接班进程中碰到什么疑难杂症，吴光正必然会给予最有力的支持与配合。难怪国际评级机构在家族传承接班进程中一直给予会德丰和九龙仓十分正面的评级，公众投资者亦大多抱有相对乐观的预期。

英雄所见略同

被誉为"香港首富"的李嘉诚点石成金、发财致富的故事，或者是他的人生传奇经历与经营管理哲学等，坊间的探讨纪录，可谓林林总总，不胜枚举。本章将集中分析传承接班问题，以此了解李嘉诚在这个问题上的布局和思考。

相对于吴光正的事业主要传承自岳父包玉刚，接班过程亦由岳父安排和主导，并有一段不短时间与岳父并肩作战，学习岳父的经营管理之道。李嘉诚早年虽也有岳父庄静庵的一些帮助，但明显只限于起步阶段而已。庄静庵在居港潮州人圈子中甚有名气，其钟表生意在当年也有一定规模，但因庄静庵儿女较多（三子四女），财富与包玉刚相去甚远，很难如包玉刚般给予女婿太大助力，所以李嘉诚只能靠自己，事业与江山都是由他一手打下。至于他们翁婿间的关系、相处与事业打拼，亦不如包玉刚与吴光正般紧密与深入。

不过有趣的是，包玉刚当年"弃舟登岸"，进军地产的路途，与李嘉诚由塑胶生意转攻地产的拓展轨迹和方向十分一致，就连瞄准英资洋行进击的策略，也是英雄所见略同，结果亦同样成功：包玉刚并购了九龙仓；李嘉诚则鲸吞了和记黄埔。两人技惊四座，成功收购的行动背后，更有不少重要互动与默契——李嘉诚将自己持有的九龙仓股份转售给包玉刚，玉成包氏进击九龙仓的美事；包玉刚则投桃报李，转售自己手上的和记黄埔股份给李嘉诚，让李氏可以如愿以偿，顺利取得和记黄埔的掌控权。

结果，包玉刚和李嘉诚共同缔造了香港神话：包玉刚掌控下的会德丰，控制了资产较母公司庞大的子公司九龙仓，出现"子大过母"的现象和关系；李嘉诚掌控下的长江实业，亦控制了资产较母公司庞大的子公司和记黄埔，同样属于"子大过母"的案例。更加不容忽略的，则是包玉刚与李嘉诚均曾出任香港银行龙头汇丰银行的董事，成为华人跻身汇丰银行董事会的先导者，这反映出他们当时的金融力量，其实来自同一靠山，情况令人玩味。

可以肯定的是，李嘉诚与包玉刚之间，甚至是吴光正之间，无论是人生经历，或是打拼事业的路途中，应该有着不少交流、互动和联系，因而不能排除彼此间的相互合作与取长补短。更为重要的是，到他们建立起庞大商业帝国、积累巨额财富，并到了需要思考家业如何传承的问题时，三人的思考方向或方法抉择，很可能有相近的举动与安排，尤其不能排除彼此间或者有互相借鉴与学习之处。

具体而言，相对于吴光正育有一子两女，李嘉诚育有两子，数目虽略少，但由于是两个儿子之故，其思考与安排的方向及模式，与吴光正颇为不同。

据李嘉诚次子李泽楷在接受记者访问时说，李嘉诚自年少时已开始向他们两兄弟灌输计然营商的知识，为日后传承接班打下基础、做好准备。李泽钜及李泽楷在香港完成基础教育后，同样地，李嘉诚选择将他们送到美国继续升学，再到他们学有所成后，则让他们在不同岗位上先行学习，然后才在他们有一定表现后将他们召回，开始进一步的传承接班。

尽管李嘉诚本人对于传承问题所说不多，但如果我们细心一点看看李嘉诚对于两子的不同事业发展安排，则不难看到与前文提及包玉刚与吴光正在这个问题上十分相似的思考脉络。至于具体思考与布局，还是反映在及早进行分家，让子女各有努力方向；趁自己仍身壮力健时安排子女接班，让其有充分学习空间与机会；以及在接班过程中，重视建立接班人良好形象这三方面上。当然，具体执行与安排，则有不少按本身实际情况再做调整与适应的情况。

不同方式的及早分家

在及早分家方面，以李嘉诚家业之庞大，生意层面之广，纵使让两子共同打理，也足以令他们应接不暇，但李嘉诚在处理分家的问题时，却明显没有向这个方向进发，而是做了三项值得重视且颇为与众不同的举动：其一是如包玉刚和吴光正所做的那样及早分家，而且早在20世纪90年代已做好了重大分配与调动；其二是做出了长子继承父业，次子另辟蹊径、自行创业的安排，让兄弟二人分途并进；其三是拨出巨款创立公益基金会，作为延续个人传奇的核心力量，在推动慈善公益、造福社会方面做出努力。

各种资料显示，李泽钜（1964年生）与李泽楷（1966年生）两兄弟尽管年纪接近，成长环境相似，但无论性格、志趣，乃至人生目标与处事作风等，皆颇为不同，李泽钜老成持重、有责任感，李泽楷则表现出敢于冒险开拓和勇于尝试创新的企业家精神。这些个人特质，相信逃不过阅人无数、善于用人的李嘉诚法眼，所以他并没强求两子均加入家族旗下的长江实业与和记黄埔，而是将继承父业的重任交托长子，让他跟在自己身边。次子则按其志趣顺水推舟，让其另起炉灶、自行创业。这样的分家方向或思考，实在带有吴光正口中所说，子女分家是为了让他们"各自负责，一分耕耘一分收获，冷暖自知"的浓厚意味，当然也有让他们各自拥有自己事业，大家互不干涉的色彩。

进一步看，李嘉诚及早分家的最大特质，是他洞悉两子性格迥异，且各有抱负，并因此做出了一人承业、一人创业的重大安排，将应该分给次子的那份家产，以不同形式转为各种资本与人脉关系，协助扶持他，让他在创业路上乘风破浪，即使碰到困难险阻，亦可在父亲荫护下得到解决。其中最让人熟知的，当然是李泽楷能够凭着"李嘉诚儿子"的身份，在创业扩张与收购合并的一连串东征西讨的过程中所向披靡，从而建立起属于李泽楷本人在电讯、数码及互联网的商业王国。

在及早分家时除了定下了一子承业、一子创业、各取所长的重大策略，李嘉诚还早在 20 世纪 80 年代另辟蹊径地拨出巨额财富创立李嘉诚基金会，作为推动社会公益慈善的旗舰。而他也曾经公开表示，李嘉诚基金会是他的"第三个儿子"，对其寄予厚望，希望其在培育奉献文化、推动教育改革与支持医疗发展三方面可以做出成绩、有所贡献。他对基金会的重视之情，不言而喻。

正如我们在其他文章中提及，中国文化的传承极为强调血脉，借血脉延续以实现对不朽的追求。李嘉诚基金会的设立备受李嘉诚重视，是因为此基金会若能拥有充足财力，又能成功运作，尤其能建立良好机制，原则上可以长久不衰地运作下去，因而最能让其传奇故事与回馈社会、造福世人的努力和绸缪可以留传后世、长存不朽。

不同路径的接班安排

正如前述，在香港完成基础教育后，李氏两子即被送到美国求学，入读加州门罗帕克高中。完成高中课程后，长子李泽钜进入斯坦福大学，读土木工程与结构工程；次子李泽楷则进入斯坦福大学，读电脑工程，有报道指他像微软创办人比尔·盖茨一样在大学未毕业即离校，宁可及早创业。学成跨出校门后的 20 世纪 80 年代中，李泽钜先参与长江实业在加拿大温哥华的万博豪园发展项目，做出了漂亮成绩，而李泽楷则在多伦多一间投资银行（哥顿资本）做投资顾问，开始了他们各自打拼事业的征途。

在加拿大工作一两年后，二人先后回港，为传承接班踏出重要步伐。其中，李泽钜回港后，旋即加入长江实业，他的接班轨迹可谓极为明显。李泽钜一方面跑地盘、看工程，了解企业基层工作；另一方面则在不同部门轮流考察，掌握其运作与联系。经历多年磨炼后，李泽钜才逐步提升至重要的领导位置上，1993 年升为长实集团副董事总经理，可见他已对公司运作了如指掌。

相对于兄长在大学毕业后即加入家族企业，李泽楷则有其截然不同的事业选择与追求路径。一方面，李泽楷离开斯坦福大学后，曾加入非家族的投资银行工作，此举显示他性格上的不拘一格，更未必志在"继承衣钵"。返回香港后，李泽楷虽一度加入家族旗下的公司，担任和黄集团的资金管理委员会董事总经理一职，但为时甚短，不久即另谋发展，自立门户，走上了创业之路，并创立了星空传媒（Star TV），且在不久后以高价将控股权转让给世界传媒大亨默多克，获益极为丰厚一事最为轰动。由于当时的李泽楷只有20 多岁，因而令他赢得了"神奇小子""小超人""小小超"及"天王"等形形色色的称号。

李泽楷旋即利用手中获利创立规模更大的另一家公司：盈科动力，再以这家新企业进行更大规模的业务开拓。李泽楷的另一次技惊四座，轰动中外社会，尤其成为各方传媒争相报道焦点的举动，则是仿效当年的包玉刚及父亲李嘉诚，大耍财技，以"蛇吞象"的方式吞并英资老牌电讯公司香港电讯（前身为香港电话公司），令他财富暴涨，声名大噪。

扼要地说，在一连串创业与开疆辟土的过程中，李泽楷不但逐步积累了财富、经验与知名度，同时也在波谲云诡的商场上站稳了脚跟，为人处世的技巧和阅历亦日趋老练成熟。这些变化与成长，相信强化了李嘉诚对李泽楷日后能够独当一面的信心，也从另一层面上确立了李嘉诚的绸缪（一子承业、一子创业的分途并进策略与目标）取得了成功，而这样的安排，更可说是树立了攻守兼备传承接班模式的重要典范。

2012年5月25日，李嘉诚在长和系记者会上，就财产分配给出了明确答案，他将旗下超过40%的长江实业及和记黄埔股份、超过35%的赫斯基能源权益全部交与李泽钜管理。《文汇报》曾报道，对于李泽楷，李嘉诚则指出：

> 我会全力帮助他收购心仪的公司、拓展新业务，资助金额会是他所拥有的资产的数倍。

不同的接班人形象

从某种角度上说，成功企业家要善于形象塑造与经营，李嘉诚显然也不例外，甚至可说深谙其重要性，应该更为精通与专业。因此在建立接班人良好形象方面，无论是李泽钜最初加入长江实业的承业安排，或是李泽楷最初自立门户创立卫星传媒的做法，都让人眼前一亮，觉得他们精明干练、年轻有为，而且勤劳和充满拼劲，绝非那些只知吃喝玩乐、游手好闲的纨绔子弟之流。

具体而言，李泽钜回港加入长江实业时，其拥有美国著名学府土木工程与结构工程学位的光鲜学历，吸引了不少人的视线，令其专业人士与社会精英的形象分外突出。加上李泽钜办事时表现出积极进取、精明干练和重视效率等，自然又给公司上下、商业伙伴乃至社会大众等一种干劲十足、目标远大的印象。至于更重要的举动，则是前文提及李泽钜曾主持的加拿大温哥华万博豪园项目，因他在该项目中充当了领导角色，对于项目由构思、设计、落实至出售的整个过程中均亲力亲为、指挥若定，因而更突出他那种"精明干练型"年轻有为的接班人形象，而李嘉诚显然是想以此说明李泽钜才华出众，值得信任与交托。

相对于李泽钜，李泽楷的形象无疑更为鲜明突出，尤其因为他选择的事业道路并非如社会一般人预期的继承父业，而是另辟蹊径、自己创业。对于他的勇于尝试与敢于创新，在当时香港社会仍高度强调经济挂帅，视李嘉诚为"赚钱之神"甚至是"超人"的年代，自然令人眼前一亮，甚至刮目相看。当然，更为重要的，则是他创业路上不断取得的突破，尤其是"蛇吞象"收购合并时的点石成金，令他在短短的几年间迅速崛起，成为一位极为耀目的青年亿万富豪，而他言行举止、所作所为，自然也流露出"精明干练""年轻有为"的形象。

时代的前进与经济的发展很自然地促使社会的核心价值发生变化，物资匮乏的年代与物质充裕的年代，人们对发展经济的看法或重视程度截然不同便是最好的说明。李泽钜和李泽楷开始接班的年代为20世纪80年代末90年代初，社会对于"赚钱"仍极为重视，同时也视李嘉诚为那个时代的标志性人物，将李泽钜和李泽楷塑造成精明干练、年轻有为的未来接班人，在商场上可以独当一面、自由驰骋，自然更符合社会期许。

但是，到进入新世纪第二个10年时，由于社会中的部分人群对于只讲赚钱、不讲回馈社会或社会责任的做法不再认同，也在一定程度上否定了"发展才是硬道理"的说法，锱铢必较，甚至是强调利益最大化，反而成为负面标签。正因如此，在相隔大约20年后，当吴光正安排其子女接班时，其形象的塑造，已不再是"精明干练型"的年轻有为，而是"阳光运动型"的年轻有为了。这亦是这两个案例在比较后，让人看到的更为有趣的转变。

四大核心资本的传承与转移

不论是吴光正和李嘉诚的案例，还是其他研究案例，均可看出华人对家业传承或接班安排的重视，并不是完全没有安排。当然，其中不足之处值得探讨。一般情况是，初富家族（第一代刚富起来的家族）尤其容易出现致命问题；富过二代后，较能从传承过程中积累经验，从而摸索出适合本身现实底蕴的方法与机制，因而较能更好地作出筹备与应对，甚至可避重就轻，尤其能够较为准确地拿捏家族内部矛盾与亲人关系。

综合不同传承接班的案例分析后，我们可以相当清晰地看到，继承基本上牵涉四种资本的传授与转移：经济资本、人力资本、网络资本、道德资本，而如果这四种资本的转移过程出现问题，则很容易导致内外矛盾与冲突，严重者甚至可令家族及企业走向崩溃衰亡之路。

对家族族长而言，最关注的首先应是网络资本，因为自己多年经营的人脉关系、阅历与经验等，极难如银行存款般可以"过户"给接班人，因此这方面的传承最需着力。其次是人力资本，由于中国社会普遍重视教育，故不少第二代应是学有所成，而且不少已逐步被安排在企业内参与管理，由第一代亲手训练、督促。当然子女何时达到家长心目中理想水平，可以完全交出领导大权，那就是视乎大家长的准则了。再次是财产或股权等转移问题，理论上说是最容易的部分，只需到相关部门办理过户手续即可，但偏偏这部分却最容易出差错，多少争"产"官司都由此而起。而最后是关注接班者的德行及家族的行善积德，不过由于因为此点对家族短期发展没有直接作用，故常常受到忽略。

其实，成功的家族企业传承与接班，必须兼顾经济资本、人力资本、网络资本及道德资本四个层面的有效建立、转移或交接。不少失败案例，多是属于未能顾及全部层面，或只有一方努力，欠缺多方配合者，导致交接遭遇挫折，不但未能令企业更上层楼，反而造成内部撕裂、企业衰亡；当然亦有某些家族矛盾由于遗嘱或信托内容思虑时的百密一疏所致，令子女后代在父辈去世后兄弟反目，最后演变成对簿公堂的局面。

经济资本的传承

首先分析包括金钱、物业及公司股份之类的经济资本如何转移的问题。由于这些资产容易在会计上记录或表述出来，在保障私产的社会中，转移时并不困难。只需到相关登记部门办理过户手续，便可干脆利落地完成交接。然而，近年来，由于利用信托或遗嘱安排财产的方法大行其道，不少大家长也将其视为良方妙法，纷纷采纳，但却低估了这种制度的复杂度，尤其某些安排可能与中国传统文化相抵触，因而容易激发家族内部矛盾。比如说，遗嘱存在很大的个人主观（喜好）性、秘密性和不透明性，加上遗嘱发挥效力时立遗嘱者已不在人世，如果订立的家长只是一厢情愿地相信，经济资本的分配只是一个签名便可解决，并将其安排留到人生最后一刻才公开，付诸行动，某些子孙在知悉结果后，不满其分配原则，觉得不公平，便有可能引起纷争，导致家族内耗。

人力资本的传承

人力资本的积累或投资，向来受到华人社会重视，家族企业更视之为重中之重。如果我们细看如何建立人力资本的方法，则不难发现如下两种较大类别：其一是学历与专业资本；其二则是领导能力或形象。家族企业往往偏重前者，而忽略后者。举例说，巨富家族的子孙在世界级大学毕业，或是取得多个学位（学士、硕士和博士学位等）及各种专业资格（律师、会计师、医师、工程师等）者，实在多得不胜其数，但能够表现突出领袖才华、树立领导地位者，则凤毛麟角，这说明了学历或专业资格易得，但领导才干难求。

据马克斯·韦伯（Max Weber）的分析，领导才能——尤其是那种可以感染和号令群众的魅力型领袖（charismatic leadership），属于与生俱来的，并非后天学习可得。虽则如此，韦伯同时指出，通过危机考验，领袖潜能可以得到激发，并可从处理危机的过程中建立起来。一个有趣的现象是，白手兴家一代，因为历尽艰苦，人生阅历丰富，领导地位稳固而崇高；继承一代则因出生富裕，受父荫保护，少尝风霜，甚至较少凭一己才干闯出成绩，因而难以树立领导形象。因此，白手兴家一代很多时候会觉得继承一代领导地位未稳，不敢放手让其独当一面。但这样做的结果，则会导致继承一代更难有危机处理和考验机会，因此更难以建立起领导地位，会进一步削弱本身在父辈、员工乃至社会大众心目中的领导地位，变成恶性循环。一句话，在培养子女接班时，如果父辈不愿放手，让儿孙闯荡历练，只想到要为其挡风遮雨，自难以让儿孙从危机中锻炼出领袖才能。结果，在父辈去世后要"亲政"时，才发现威信未立，人心不服，那便很容易出现新领导难以驾驭全局的危机。

网络资本的传承

网络资本与领袖才能一样，属于较为抽象却同样重要的东西。在学术界，一般会以人脉关系、社会网络、名望信用、生活风格及个人品位等作指标，用以分析它如何有助处理问题、争取利益或实践指定目标的功能和作用，并将这些指标概括为社会资本及文化资本。然而，这个概念较为笼统，尤其只集中于某个阶层或群体，对于个别家族或人士，则难有针对性。因此，我们采用网络资本的概念，其重点是这种资本为社会资本及文化资本的结合，但却泛指那些只建立在特定个体身上的特质。

简单来说，父辈一生驰骋商场，一方面可能与无数政商人物建立起或公或私的情谊，另一方面则可能因为曾参与或担任政府咨询组织、社会慈善机构、其他各种非政府非营利团体的工作，与各种社会组织建立了个人化的社会网络及相互信赖等，因而令他在处理内外事务时，既能较易获得他者（人或组织）的协助，或是在碰到问题时，容易找到相关他者的支持。相对而言，儿孙的网络资本，多较父辈薄弱，原因之一是部分只承袭自父辈，而对其他人而言"看在其父面上"的，有欠稳固；原因之二是人生阅历未丰，尚未从历练中建立属于自己的人脉关系；原因之三则是多种关系未经考验，所能发挥的力量令人存疑。

更为核心的问题是，在继承过程中，父辈往往注重培养儿孙辈的生意经营及行政管理等"实用性""即时性"或"直接性"的能力，但却忽略给予他们机会或空间，让其从服务社会、担任公职或参与非政府组织等志愿的工作中，建立生意以外的人脉及社会关系（当然也包括生意之外的办事能力），而这样则会令儿孙辈的网络资本显得更为单薄。众所周知，营商环境不可能风平浪静，政治及社会层面的不断变动，必然会对企业及生意产生起落顺逆，如儿孙辈只知埋头经营管理，本身缺乏与政治及社会人士的紧密接触和交往，当其全面接班后，则很可能因为缺乏雄厚网络资本的资源可以利用，在应对困难时便会显得力不从心。

道德资本的传承

道德资本也是传承过程中长期以来受到忽略的内容之一。一般而言，道德资本可分为个人、家族及企业三大层面，个人层面是指个人道德修养与情操，家族层面是指家族在慈善捐献及福利方面的贡献，企业层面则是指家族所掌握企业的经营良知与企业社会责任。不少华人家族在慈善捐献和福利方面的贡献，一向极为突出，但受到赞赏的往往是父辈，背后原因当然与各种捐献决定多由父辈所做有关，而这样又只会扩大父子两代道德资本的差距。

经营良知与企业社会责任是近年国际社会十分受关注的话题，其重中之重在于，如果企业只以利润最大化为考虑，"赚到尽"，不顾环境保护、与员工分享经营成果，或是"以本伤人"，凭本身财大气粗淘汰弱少以达到垄断经营等，均会引起社会诟病。个人道德与情操是传统社会极受重视的东西，但在现今社会则显得不甚起眼，反而经营盈利、业绩增长，才是量度表现的圭臬。在这种风气影响下，过去一直认为本地不少华商为"儒商"，重视商业道德，强调不义之财不取，并且以"大家长"的人格化进行管理，对员工虽管束较多，授权不足，但却会视之如子侄亲人，不但关心其身心健康，也注意其家庭福祉，这种具人情味的特质，在高举效率、硬套指标的当前社会，无疑显得不合时宜，此亦折射出旧新两代个人道德资本的高低，以及对之是否重视的态度差异。

若将吴光正或李嘉诚的案例放在这种架构内分析，会发现二人除年龄（一个年过70岁、一个即将90岁）及世代（一个属继承者、一个属白手起家者）及放手程度（一个全退、一个仍紧握大权）上颇有差距外，他们的传承安排其实相似之处不少。扼要地说，除了及早分家、及早接班与建立新领导良好形象近似外，特别是人力资本、网络资本及道德资本的传承安排亦如出一辙。

人力资本：建立专业精锐治理团队

在获得贤臣良将或建立专业精锐治理团队方面，尽管吴光正刻意想放手，很早便安排吴宗权上位，但毕竟仍有众多层面的问题需要考虑和兼顾。选出忠诚可靠、才干出众的辅弼，在自己退下前线而儿子尚未能全面掌控大局之时，充当临时或过渡领导者，自然至关重要。出于这种思考，当吴光正将会德丰主席一职交给吴宗权时，跟随他数十年且深得其信赖的吴天海被任命为副主席，再加上在地产业中地位极高的梁志坚也担任副主席之职，基本上可以成为吴宗权的左右手了，吴光正本人则只担任首席顾问一职，此举当然是从监督的角度出发，立意是希望为吴宗权争取时间，尽量学习，然后便可统领全局。

　　撇除李泽楷自立门户不谈，李嘉诚安排李泽钜接班的过程，也着眼于觅得贤臣良将的辅弼。由于李泽钜接班的路途和时间较长，李嘉诚仍是长实集团主席，不像吴光正那样至少在制度上已全身而退，但这更能清晰地让人看到李嘉诚传承安排上的心思缜密，以及李泽钜接班路上的一步一个脚印。正如前文提及，李泽钜 20 世纪 80 年代末加入长实集团时，深得器重的洪小莲和马世民被安排为左右"太傅"，一来协助李泽钜处理重大事务，二来指导其待人接物及经营各种人物关系。由于过程顺利，到了 1993 年，李泽钜获擢升为副董事总经理，翌年再升为集团副主席，为进一步接班迈出重要步伐。那时，李嘉诚曾公开表示，香港回归后他会交棒退休，退下前线。他曾这样对记者说："1997 年之后，对于公司的事，头痛的人将不再是我。"

　　1999 年 1 月李泽钜在副董事总经理的位置上几近做了 6 年，那时已届 70 岁的李嘉诚将长实集团董事总经理之职交给李泽钜，李泽钜成为长实集团的董事总经理兼副主席；同年 4 月，李泽钜更出任和记黄埔副主席之职，董事总经理由霍建宁出任，李嘉诚仍出任两家巨企的主席之职。即是说，他仍未全身而退，或者说对儿子全面接班仍未有毫无忧虑的信心，而辅弼李泽钜的大臣，除了霍建宁，更有姨丈甘庆林、叶德铨、吴佳庆、洪小莲、周胡慕芳和李业广等。可以想象，当李嘉诚决定完全退休之时，如何安排可以信赖的贤臣良将辅弼，肯定是他必会考虑的头等大事。

　　值得一提的是，2015 年 6 月，长江实业集团与和记黄埔集团这两家李氏家族掌控的旗舰企业进行了重组，合并了两个集团所有的非房地产业务，集中由长江和记实业有限公司（简称"长和"）管理，而两个集团的地产业务，则集中由长江实业地产有限公司（简称"长地"）管理，从而理顺业务和提升透明度。引人关注的是，业务重组后的"长和"与"长地"，两者主席均为李嘉诚，李泽钜均任副主席并兼任董事总经理之实职，但"长和"有两个董事总经理的位置，另一人为过去一直被视为企业头号大臣的霍建宁。由于和记黄埔集团的董事总经理一职过去只有一人，并由霍建宁担任，重组后改为两人，霍建宁职衔虽旧，但实有削权之嫌，所以有传媒将之解读为"霍建宁角色淡化"，李泽钜的领导地位则更为吃紧。此点既说明李嘉诚已向交棒迈进一步，亦反映一个不争事实：当新领导全面接班后，辅弼大臣必然要逐步退下来。

建立强劲政治与网络资本

在建立强劲政治与网络资本方面，其过程与成效不但较为困难复杂，且不易有确实可靠又触手能及的结果，但政治与网络资本对家族及企业传承接班与长远发展的重要性，则是任何家族领导人不会质疑的。尽管吴宗权自踏上接班道路之时吴光正已代其安排了前述众多诸如北京政协委员、香港特区政府环境及自然保育基金委员会委员，以及著名慈善组织董事等公职，但这样的政治及网络资本，相对于吴光正，仍是相去极远，相信这是吴光正安排吴宗权全面接班时其中一个担心的问题，因为年轻的吴宗权，尚未能全面地建立起不同层面的人脉关系——尤其因为集团在中国内地有庞大业务，而内地则十分重视人迹脉络。正因如此，吴光正宣布退任会德丰集团主席后须付托吴天海，协助吴宗权，因吴天海在内地亦有极为深厚的政治及网络资本。可以想象的是，在走向全面接班的过程中，吴宗权必须克服政治及网络资本薄弱的问题，否则不但接班很难顺利，家族及企业的发展亦必受到牵连。

李泽钜获任命为长实集团副董事总经理前一年，他已获父亲推荐出任机场委员会会员，1991年，李嘉诚退任汇丰银行董事，也是由他代替，与此同时，他更获当时的港督任命为商务委员会委员，种种举动说明，进入接班道路后，李嘉诚立即为提升儿子的政治及网络资本而绸缪努力。如今，李泽钜担任了汇丰银行董事，同时又是全国政协常委，更有香港特区政府策发会委员、香港总商会副主席、巴巴多斯驻港名誉领事等职。但是，若和李嘉诚相比，其政治及网络资本实在亦是相去极远的。正因如此，现时出任"长和"和"长地"的董事们，不但各有专长，也各有其政治及网络资本，目的自然是补充李泽钜的不足。同样地，我们有理由相信，李泽钜要成功接班，必须在以后时间大力发展及经营属于他自己而且能够运用的政治与网络资本。

道德资本：维护及提升家族名声

维护及提升家族名声，虽然看似不着边际，甚至有点与家族企业发展风马牛不相及，但此点对于维持世家大族的长远发展其实具有不容低估的作用。历史经验告诉我们，家族名声比黄金更重要，名声可以得到提升的前提，则必须是家族能给社会带来裨益、作出贡献，家族因而会得到社会大众的支持与认可，反之家族纵使富可敌国，往往也会昙花一现，难以长久，甚至会招来咒骂，得不偿失。

毫无疑问，无论是吴光正或是李嘉诚，均极为注重家族名声，也致力于维护及提升家族名声，具体表现自然流露于他们如何为香港、国家，乃至人类福祉等方面作出贡献，慷慨捐赠更是最为突出的表现。正如前文曾提及，社会变迁与核心价值的转变——学术界最重要的说法是从物质主义转化到后物质主义，简单而言则是由重视求财赚钱，转向重视自由人权、社会责任与公平正义等，必然会影响民众对商人赚钱与花钱行为的看法。

具体来说，由于这两个家族掌控了不少上市公司（多数香港世家大族均是如此），聘有成千上万员工，生意及服务更牵连社会大众衣食住行与娱乐等民生层面，因而难以避免地会陷于困境：追求利润最大化，抑或承担更大的社会责任。更为复杂的是，作为上市公司，除了兼顾社会责任，也要维护大小股东的权益，所以更容易掉进多头不讨好的尴尬局面。因此，由家族掌控的公司领导者，在带领企业不断前进发展时，既需着眼于大小股东的利益，同时又要兼顾员工及社会不同利益相关者之间的利益，当中若有选取失衡、未能充分协调，难免出现众口难调的困局，有时更会招来批评，不但影响个人、家族及企业的形象，也很可能会影响家族名声，任何家族成员均不应对此掉以轻心。

概括地说，由于吴光正与李嘉诚两位在商场上身经百战的人物，在思考子女接班时均做出了以上多项大同小异的举动和部署，我们绝对有理由相信，这些均属十分宝贵的经验，值得后来者学习、仿效。当然，在吸收别人的经验时，我们必须谨记"家家有本难念的经"的传统智慧，不能生搬硬套，全盘照抄，不理本身的情况和底蕴，因为这样做的结果，轻者会导致衣不称身，或是画虎不成反类犬的笑话，严重者则会将家族和企业推向危险境地，不可不防。

本章结语

吴光正与李嘉诚于 2015 年初先后宣布交棒，并宣布新领导带领集团应对各种挑战、开创新局的同时，无巧不成书，一直稳居香港富豪榜三甲位置且时年已年届 86 岁的李兆基，也于同年 6 月宣布辞任家族旗下恒基发展公司主席兼总经理一职，交棒给长子李家成，唯对于家族旗舰恒基发展的主席一职仍由他自己担任，尚未考虑交由儿子接手。显然，进入21世纪以来，香港家族的继承接班问题，已经到了无法回避的最后阶段。除了上述的家族外，不少港澳其他家族，如何鸿燊家族、郭鹤年家族、吕志和家族、胡应湘家族、伍沾德家族、陈有庆家族和陈伟南家族等的接班安排，同样成为社会焦点。而除了香港，内地的不少家族其实也进入接班交棒的高峰期，因而备受各方关注。

无论父辈如何能干或政商环境多么难测，受自然生命周期影响必然会被生老病死规律所限，最终必然力难从心。加上受中国文化基因的制约，华人家族企业的领导权，始终要交棒到儿孙辈手上。至于怎样接班才能令过程顺利，确保家族企业不衰，巨富家族之间则各施各法，吴光正与李嘉诚的不同安排，只是展示了其中两种颇为不同的选择而已，值得借鉴。但我们应该明白，各个家族与企业的发展情况不一、亲人关系有别，更不说所面对的政经及社会时局不同，所以在思考时必须十分慎重，千万不可掉以轻心。但如果对前文所述四种资本的全面培养、训练和转移加以注意，相信能确保领导班子的顺利交接，避免家族跌入"富不过三代"的宿命，让人有"青山依旧在，几度夕阳红"之叹。

第 五 章

分家：为了走更长远的路

两个郭氏家族的相似经历

· 分家析产在华人家族企业的发展进程中有利有弊，不应一概
  而论。

· 事实上，分家也存在正面作用，固执于不分家，反而会带来
  伤害。

· 新鸿基郭氏及佳兆业郭氏两大地产家族都是三兄弟，最后均以
  分家作为结局。

· 两大家族通过分家析产，走上了新的发展道路。

· 兄弟之间的争拗虽影响了亲人感情，揭示了家族向心力及离心
  力的拉扯，但却可加深社会对华人家族企业内部动力学的认识。

无法回避的分家

据香港《明报》2015 年 9 月 12 日报道，中国内地房地产开发企业佳兆业集团向监管机构及市场披露，家族 49.25％的控制性股权已由原来的郭氏家族信托单一掌控——即三兄弟：郭俊伟、郭英成和郭英智共同持有，变为由郭氏家族的三兄弟各自掌控，新的股权安排为：三弟郭英智持有 16.41％，二哥郭英成持有 16.42％，而大哥郭俊伟的 16.42％股权则应该是由其儿子郭晓群持有。消息一出，就引起了市场的高度关注，认为此举可能反映了家族的内部矛盾与分裂，并推测应是为了解决投资风险和家族成员事业追求不同等问题而做出的变相分家的决定。

在此之前，香港人尽皆知、轰动中外的香港地产业龙头企业——新鸿基地产，第二代三兄弟（郭炳湘、郭炳江和郭炳联）最终在 2014 年 1 月达成协议，同意均分家产。数据显示，新鸿基地产以当时市值计算约为 2600 亿港元，郭氏家族拥有 45.93％股权，按三兄弟均分计算，每人分得 15.31％股权约值 398 亿港元。郭氏兄弟的分家举动，打破了早年因家族信托规定控股权"不能分拆"

的障碍，而令个别有意分家的兄弟无法落实想法，从而导致内部矛盾恶化，继而产生各种明争暗斗相互伤害的问题，得以暂时画上休止符，回避了一场可能演变成更为严重的家产争夺的闹剧。

无巧不成书，在不同时代和区域，同样是在地产开发领域，同样在香港上市，且同样有三兄弟的两个郭氏家族，在家族财产与企业控股权方面颇为相似的安排，可以说为华人家族企业的发展与应变，指出了清晰一致的出路——为了避免家族内部的矛盾恶化，同时为了分散投资风险，分家析产、兄弟各走各路，似乎成为唯一途

表 5-1　两个郭氏家族的分家安排

	香港郭氏家族	内地郭氏家族
主要成员	郭炳湘、郭炳江和郭炳联	郭俊伟、郭英成和郭英智
家族企业	新鸿基地产	佳兆业集团
主要业务	香港房地产开发	中国内地房地产开发
财产来源	继承自父亲郭得胜	白手兴家
分家安排	·2014 年达成协议 ·郭氏家族拥有新鸿基地产 45.93% 股权，以当时市值计算约为 2600 亿港元，按三兄弟均分计算，每人可分得 15.31% 控股权，约 398 亿港元 ·郭炳江和郭炳联留在集团，其子女陆续加入 ·郭炳湘离开另建立帝国集团	·2015 年公布 ·郭氏家族持有 49.25% 控制股权，由老三郭英智持有 16.41%，老二郭英成持有 16.42%，而老大郭俊伟的 16.42% 股权则由其子郭晓群持有 ·郭英成为主席兼执行董事 ·其余二人已非集团董事会成员，亦未出任其他高级职位

径。到底华人社会是否真的无法回避分家析产的问题呢？分家之后是否必然令家族及企业走向衰落呢？我们尝试以这两个郭氏家族的故事和分家安排（见表5-1），探讨其背后所反映的各种发展问题和文化特质。

新鸿基地产——郭氏兄弟不分还须分

在香港，"新鸿基"三字虽然无人不知无人不晓，但还是有不少人会混淆，误认为新鸿基证券、新鸿基银行、新鸿基财务、新鸿基地产等是来自同一家族。事实上，他们之间确有渊源，也存在交集，但目前已并非由同一家族掌控，只有新鸿基地产属于郭得胜家族，是香港地产业的龙头。而新鸿基地产的故事，则要追溯到其奠基和拓展人郭得胜身上。

正如笔者在《创业垂统》一书中所述，祖籍中山的郭得胜少年丧父、家境清贫，他凭个人努力，20世纪30年代从中山石岐一家小百货店做起，到抗日战争爆发后，在各种物资缺乏的情况下，积极开拓百货店的生意。香港沦陷后，由于葡萄牙属于中立国，澳门能够得以保持和平的特殊环境，郭得胜继续在澳门经营百货业，从而累积了大量财富。

抗战胜利后，郭得胜目光敏锐地将生意由澳门转到香港，并不断扩大业务，20世纪50年代起开始投入到"点石成金"的地产业，其投资收益不断增加，规模愈发扩大，不久即跃升为香港地产业龙头，甚至一度被称为"香港首富"。郭得胜致富过程不仅曲折，也极富传奇色彩，而其起落兴替和不同阶段的际遇，不仅见证了中国近代历史的崎岖坎坷，也折射了香港经济与商业的异军突起。

当然，新鸿基地产最吸引社会和投资者眼球的重大事件，莫过于20世纪90年代初郭得胜的猝然去世，家族企业由三个儿子（即郭氏三兄弟）继承，相隔二十多年后又决定分家，三兄弟各走各路。前者备受关注的原因是人们相信，三兄弟在父亲去世后很难继续走在一起，很可能会旋即分家收场，但这一局面却一直没如预期发生。后者之所以轰动社会，是由于大家一心以为三兄弟兄友弟恭，同心协力，将父亲留下的企业经营得有声有色、青出于蓝，成为华人家族企业极为难得的良好榜样之时，却突然爆出兄弟不和的消息，三人最终还是以分家收场，并再次将"家大必分"和"分家必弱"的观念散播开去。

由于前者以及更为早期的郭得胜发迹致富故事，在早前文章中已有不少篇幅讨论，这里我们只集中探讨郭氏三兄弟最后出人意料地决定走上分家之途的举动，以及如何左右家族下一步发展局面的问题，以此说明社会对于"分家必弱"问题的成见和负面标签，从而剖析家族企业在不同发展阶段遇到的不同问题，以及由此引申出来的思考逻辑和应对机制。

家族生命终有周期

首先必须要注意的，是家族的生命周期。在郭得胜去世之时，三兄弟虽然已婚，但都仍处初婚的青壮年，即便长兄已育有儿子，但仍然年幼，一方面仍能吸引幼弟们（作为下一代的叔叔）的关爱，另一方面当时还不需要为下一代的未来发展问题作出过多打算，所以矛盾尚小。另外当时社会对于郭氏兄弟会否分家的问题十分关注，也给家族较大压力，在这种情况下，只有三兄弟团结自强，才能避免外界非议，防止竞争对手有机可乘。以上两个因素相结合，既有助于激发郭氏三兄弟的危机意识与发奋上进，也可暂时消弭内部矛盾，因而令家族企业在接下来的一段时间内有了积极的发展。

正因如此，自20世纪90年代到21世纪初，三兄弟基本上如其父亲在世时同心一德、合作无间，并且各展所长，令新鸿基地产能够在香港主权回归前后复杂的政治经济环境下，仍然取得突出的表现，不仅地产业务（地产发展、物业投资）节节上扬，且在物流运输（九龙巴士、载通国际）和电讯科技（数码通、新意网）方面均有不错表现，因而令郭氏家族的财富持续急增，长期与被称为华人首富的李嘉诚旗鼓相当，在香港成为数一数二的巨富家族，备受中外社会注目。

然而，自郭氏三兄弟的长兄郭炳湘于 1997 年 9 月被有"大富豪"之称的悍匪张子强绑架，家族在付出巨额赎金令他平安释放之后，社会中有关兄弟不和、家族存在矛盾的消息不胫而走。当中更夹杂一些婚外情传闻，令各种关系变得愈发纠缠复杂。后来便有郭炳湘被逼休假（同年 5 月被正式罢免主席之职，只留非执行董事身份），暂不担任新鸿基地产主席一职，改由两名弟弟连任的报道。

之后，一系列图文并茂有关家族矛盾不断恶化的报道陆续出现，指出家族内部确有不和的情况。更爆出新鸿基地产高层（陈巨源）与郭氏家族成员（郭炳江和郭炳联）卷入政府前高层（许仕仁）的世纪贪污案，轰动中外社会，并导致家族最终走上了分家之路。至于判决的结果，虽然郭炳联并未被判罪，但陈巨源等罪名成立，而更为不幸的则是郭炳江也被判罪名成立，锒铛入狱，令家族和企业蒙上污点。

令家族出现巨大矛盾的坊间传言，其一是绑架事件令郭炳湘受尽折磨，造成精神及心理巨大创伤，影响了他在家族及企业上的表现和关系；其二是亦有传家族为郭炳湘付出了 6 亿元赎金，兄弟之间嫌隙扩大；其三据传郭炳湘有婚外情，而其情人又卷入新鸿基地产的生意或管理之中，令前两点的矛盾、误解或关系变得更为纠缠复杂。

对于以上坊间传闻的真真假假，我们实在难做判断，但相信其中既有部分是不争事实，亦有部分属于烟雾与杜撰。我们如果能以科学而客观中立的治学态度，从不同报道中抽丝剥茧，寻找一些促使兄弟难以团结一致的因由，进而推断出分家析产成为当时较能保障个人或家族利益的手段——尽管这样的分析并非事实的全部，相信也可加深我们对事情发展的认识和了解。

分家的现实考虑

正如前文粗略提及的，首先由于兄弟同心一德（后来证实家族信托早已订立了股权"不能分拆"的规定），相对于 20 世纪 90 年代继承父业之时，到了 21 世纪之后，新鸿基地产的资产及生意，无疑已是今非昔比，只基本上仍保持着投资高度集中于物业地产的格局，且以香港市场的占比最为巨大，而这样的投资格局，若与其他华资企业（例如李嘉诚家族、李兆基家族及郑裕彤家族）相比，很容易凸显家族人数相对较多，但生意投资高度集中的特点。

其次进入 21 世纪之后，三兄弟的子女大多已经长大成人，例如郭炳湘儿子郭基俊、郭炳江儿子郭基辉、郭炳联儿子郭基健（又名郭颢澧）和郭基泓，先后以不同身份和形式进入集团实习，为继承接班奠定基础。同时第二代也开始为各自子女（第三代）的未来事业做出各种较为有利于长远的打算，产生不同层面的竞争，家族关系及企业领导格局因此变得日渐敏感复杂。

本来，兄弟子侄间为了争取表现或争夺领导地位，在不同时期相互竞争十分正常，而第三代领导地位到底应以何种原则或标准做决定——例如是按照原来长房、次房和三房的长幼之分，还是按照第三代子侄的年龄安排，或是有能者居之等，都很可能会引发争执和矛盾，因为无论怎样做出安排，必然都会触动兄弟间核心利益的敏感部分。

第三点不容忽视的是家族可能卷入官司。诚然，有关家族卷入官司的问题，要到后期阶段才会暴露，但我们不应排除，家族内部或者早已察觉——例如根据法庭信息，香港廉政公署早在 2008 年之前，就已立案调查许仕仁是否涉嫌贪污问题，只是初期没有取得实质进展而已，所以有人希望及早作出风险切割，以免影响自身的利益。当然，也有可能是绑架一事之后，部分家族成员更为现实地想到，如果任何一方遭遇不测，个人或本家族分支利益到底如何才能获得更好保障的问题，所以也促使其希望及早做出更好的风险管理。

但是，一个现实问题是，根据家族信托规定，家族对新鸿基地产的控股权是"不能分拆"的。换另一角度来讲，大家是"命运共同体"，必须风雨同路、福祸共享。这意味着，无论接受与否，或是成员间即使对某些发展与投资持有不同意见——例如有人对某些铤而走险或是过于激进的投资并不认同，但一经决定，只能紧紧跟随。

沿着以上的分析脉络思考，郭炳湘被绑架后患上狂躁症、精神出现问题，或是支付绑架赎金一事激发了兄弟之间的金钱矛盾等，似乎显得不太成立，至少这两点并非问题的核心所在，因为前者可从郭炳湘日后行为举止与事业发展中得到证明，后者则可从其天文数字的身家财产与零碎的赎金数目相比较中得到更为充分的印证。

更为重要的问题是，第三代成员很可能已经进入家族传承接班的议程，而某些预期中的投资风险，则很可能让部分成员认为并不稳妥，且迫在眉睫，大有危机将至之感，所以迫不及待地希望进行"风险切割"。而打破家族信托的制约，要求分家析产，则被部分家族成员认为是最有效的分散风险的方法，进而用尽各种方法以达目的。

初期，家族内部成员明显难以摆脱分家必弱的窠臼，所以并不认同分家的要求，但经历了官司困扰，他们也意识到坚持"不能分拆"对家族及企业的伤害较大，因而2014年1月29日（农历十二月廿九）——即春节前夕，家族终于发出新闻稿，"欣然宣布"了分家的安排。其重要内容由《明报》引述如下：

> 郭氏家族成员欣然宣布，就处理家族权益一事达成共识。依照邝肖卿女士早前向三名儿子均分股权之声明，郭炳湘及其家人，会与两位弟弟及其家人，获得相同数量新鸿基地产股权。

分家后的各奔前程

在郭得胜去世24年后，"不分不分还须分"，家族最终决定分家，以免矛盾被进一步激化，这一决定令家族关系陷于更为困难的境地。而分家的基本原则，则如中国传统般采取诸子均分的形式，即每名儿子各得一份，女儿没有份。（注：郭得胜早年娶有一妻并育有一女，后妻子去世，其所生的女儿移居海外，甚少与家人联络。郭得胜后来续弦，娶了邝肖卿。邝氏为郭得胜生了三子二女，长女郭婉君壮年时去世，幼女郭婉仪在新鸿基地产中任职，但女儿没得到与儿子同等的控股权分配。）按当时新鸿基地产的市值计算，每名儿子可分得约 398 亿港元的家产。据《明报》进一步报道，分家后，身为长兄的郭炳湘会离开新鸿基地产（俗称"新地"），另谋发展，两名胞弟郭炳江和郭炳联，则会继续留在"新地"这个家族主干企业中。该报道内容如下：

> 郭炳湘对"新地"未来持续增长和盈利能力充满信心，郭氏家族亦感谢他对公司多年来的贡献，祝愿他日后成功。郭炳湘则确认"新地"的公告内容，表示满意职务的交接，称感到十分荣幸曾经出任"新地"主席及非执董职务。他希望将来有更多时间投入发展个人事业、慈善、艺术、社会福利及教育工作，因此辞去"新地"非执行董事。他又称十分感谢母亲、弟弟和家人支持他这个决定。

完成了分家的框架性安排后，郭炳湘一如承诺般辞任新鸿基地产和旗下新意网的非执行董事之职，全身而退，然后只身外闯，另辟蹊径。一心想另起炉灶的郭炳湘，2013 年底重金礼聘法国巴黎银行前高层胡壮强加盟，担任旗下私人旗舰公司帝国集团投资总监，市场消息更表示，2014 年初，郭炳湘通过抵押手上的"新地"股份融资，为其日后发展增添更多弹药。

除此之外，报道又指郭炳湘还联合长江实业合作发展亚皆老街项目君柏，以及和丽新发展共同发展将军澳住宅项目。以上的举动显示，一直渴望分家的郭炳湘，既没有表现出有什么狂躁症，影响工作与社交，反而表现得雄心万丈，并非想在分得家产后慢慢享受人生，不再打拼事业，而是恰好相反，仍然斗志旺盛，想要另有一番作为。

另一方面，郭炳江和郭炳联两兄弟也没因为分家及官司的打击表现出有所畏惧或失去分寸。从报道中，我们不难发现，郭炳江一方面向法院提出判罪上诉，另一方面则付托儿子郭基辉，要求他子代父职，与郭炳联一同管理好新鸿基地产，而郭炳联也先后安排两名儿子郭颢澧与郭基泓进入公司，种种举动无疑是在加快第二代向第三代传承接班的步伐，以此作为应对危机与挑战的重要策略。事实上，尽管家族遭遇分家与官司的双重打击，但新鸿基地产所受到的冲击并不如预期般巨大，起码根基仍然稳固，并没出现如某些市场流言般的分崩离析。我们以新鸿基地产的股价增长、净收益率及资产总值三方面在 2000 年至 2015 年的变化作出说明。

首先，在公司股价方面，图 5–1 是新鸿基地产近 15 年股价与恒生指数的比较，我们不难发现，其表现基本上与恒生指数步伐一

图 5-1 新鸿基地产股份指数与恒生指数增长率比较（2000—2015 年）

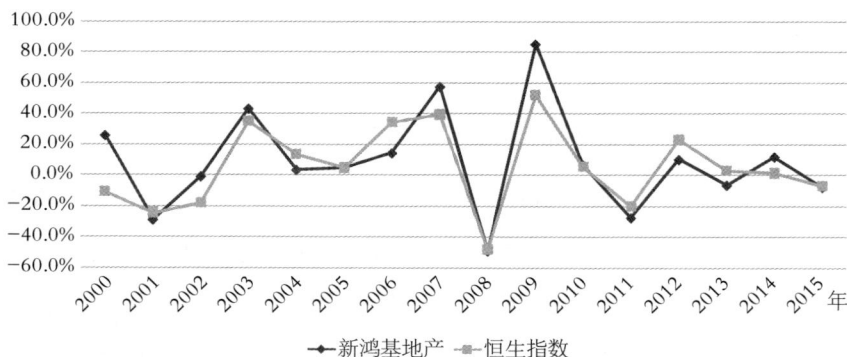

致。当然，在 2010 年之前，新鸿基地产的表现较恒生指数略胜一筹，但 2010 年之后，则反较恒生指数逊色，此点很可能与家族受内部矛盾及官司困扰有关。另一方面，我们又不难看到，公司受市场风波的影响较大，例如 1998 年的"亚洲金融风暴"后股市楼市不兴，2003 年"非典"后经济低迷，以及 2008 年"美国金融海啸"冲击香港金融等，均令新鸿基地产的股价出现明显下滑。

其次，在公司净收益率方面，新鸿基地产的表现尤其突出。在过去 15 年间，其净收益率从未低于 20%，而其起落和辗转发展，则与市场的涨跌情况基本相同。扼要地说，2000 年至 2005 年间，公司净收益率相对较低，而 2005 年至 2008 年间增幅尤其急速，2008 年至 2009 年间则大幅下滑，2010 年则急速反弹，2010 年至 2015 年间的增幅虽然放缓，但仍较 2000 年至 2005 年间高。由此点看，自 2008 年开始呈表面化的家族矛盾及官司困扰，似乎没有直接冲击公司的净收益率（见图 5-2）。

图 5-2 新鸿基地产历年净收益率变化（2000—2015 年）

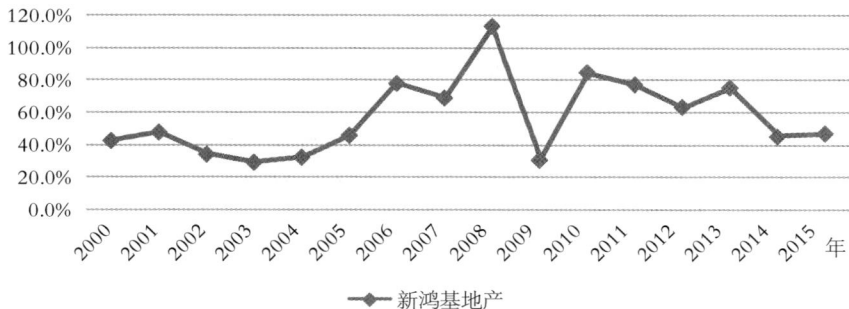

至于在公司资产总值方面，我们同样可以看到其总体表现颇为突出的一面，并未呈现受到家族内部矛盾与官司所打击的迹象。简单来说，2000 年至 2004 年间，公司资产总值"持平发展"，一直维持在 1700 亿港元，无大幅变化，自 2004 年后逐步上升，只在

图 5-3 新鸿基地产历年资产总值变化（2000—2015 年）

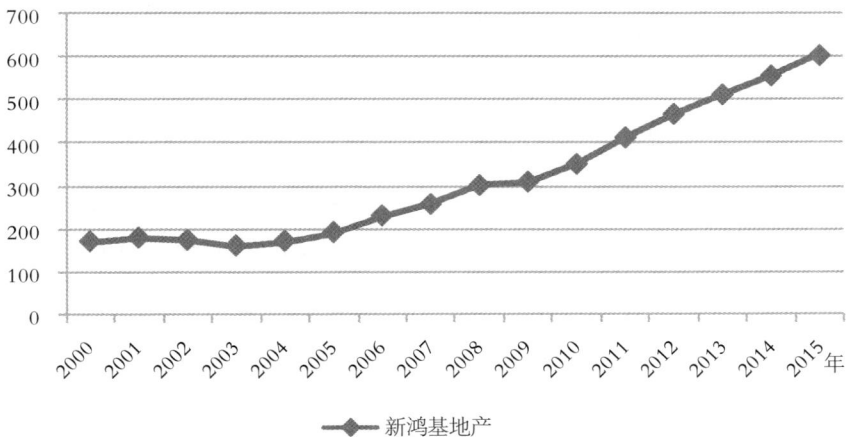

2008 年出现短暂放缓，然后又是持续增长，到了 2015 年，公司的总资产已达 6041 亿港元，可见尽管家族爆发内部矛盾与深受官司影响，但公司的资产仍在不断上扬（见图 5–3）。

受到家族及企业的生命周期所影响，自 20 世纪 90 年代由第二代接掌后的新鸿基地产，确实有过一段光辉的发展岁月，关键所在则相信是与兄弟能够同心一德，全力开拓有关。但是，自进入 21 世纪之后，企业与家族的发展明显已经进入另一阶段，尤其是思考如何为第三代的接班作出安排之时，令团结一致的力量渐减，渴望自立门户的分裂诉求则不断加强。可惜，家族成员未能全面客观地看待这种内部力量与诉求的转变，仍然固执于分家不利家族企业发展的刻板与负面印象，并未作出调整，令问题持续恶化，给家族和企业的发展带来了难以弥补的伤害。

佳兆业集团——郭英成三兄弟早分胜迟分

相对于新鸿基地产较长的发展历史、较高的社会声誉，且已筹划由第二代逐步传承给第三代，佳兆业集团则发展历史较短，名气略低，且只处于第一代创业壮大阶段，虽然也有了第一代在仓促间筹划传承给第二代的迹象与安排，但两者毕竟有很大差异。本文将两者进行比较，聚焦点在于中国继承制度与分家安排，原因正是针对坊间对分家问题长期存有偏见，认为分家对于家族及企业有百害而无一利。我们挑选这两个案例做比较，希望借此说明分家并非如坊间想象般负面，分家析产在华人家族企业的发展进程中，其实有利有弊，不应一概而论，尤其不可低估分家的正面作用——例如促进家族企业走向多元化，或从另一角度来说低估强求不分家所产生的潜在风险或问题。

深圳发迹

首先，佳兆业集团的郭氏家族，由于其家族背景与致富过程等资料相对缺乏，综合坊间众说纷纭但却相信来自单一源头然后不断被引述的说法，佳兆业集团乃祖籍潮汕普宁的郭氏三兄弟——郭俊伟、郭英成、郭英智于1999年在深圳创立的一家民营企业，领军人为老二郭英成，主力则在于地产开发，业务集中于广东，尤其是深圳，而公司选择在香港交易所的主板上市。

进一步资料显示，在1999年之前，郭氏三兄弟似乎籍籍无名，家族财富亦并不很丰厚，因为"未搞房地产生意之前，我们在潮汕一带做贸易及工业生意，因为见同乡搞房地产生意有声有色，所以自己也参与其中。"（《理财周报》，2013年7月22日）有媒体在深入采访后有如下介绍：

郭英成在一个名叫铁山洋的穷困村子长大，村里点缀着祠堂和土坯房。那里的居民说，郭英成是当地一家店主的儿子，16岁离家，投奔在海南岛的叔叔，然后他就在那里卖鱼、买卖进口商品。
"改革开放后他去了海南"，该村一位村民郭温雄（音）说，"那时
他卖一些家居用品，能卖什么就卖什么，后来他的生意做发了，就
把兄弟们带到了海南"。

与很多内地民营企业一样，走上经商之路始于改革开放之后，
牵头人是郭英成。他年轻时曾在海南岛跟随叔父做买卖，到生意有
一定基础之后，又把其兄（郭俊伟）其弟（郭英智）拉在一起，增
加发展实力，然后于1999年左右将发展基地转到深圳，并成立了
佳兆业集团，进军本大利大而当时又属方兴未艾的房地产生意。

后来的故事是较多人知悉的，郭氏三兄弟如何凭着通过收购烂
尾楼以发展商住物业的"化腐朽为神奇"投资策略，在深圳迅速崛
起、扬名立万，令佳兆业集团成为一家开发物业地产的名牌，其中
尤以2000年启动的深圳布吉桂芳园项目、2003年发起的深圳市佳
兆业中心项目，以及于2005年走出深圳，在广州市发展的中诚广
场项目三者最受市场注视，亦令佳兆业集团赚得"盆满钵满"，郭
氏家族财富水涨船高。

金融制胜

在三兄弟同心协力打拼下，佳兆业集团在短时期内取得了极为
突出的成绩，他们并未自满，再接再厉，乘胜进击，其中更为重

大的决定，则是在经过连番筹划与铺排后，2009 年将集团在香港
交易所成功上市——在此之前，三兄弟已取得了香港居民身份，且
已成立了佳兆业集团在香港的办事处，将企业发展推上另一重要
阶段，家族的财力、人脉关系及社会地位，自然因而获得大幅提
升。至于最能说明此点的，则是佳兆业集团上市时，除了吸引了不
少国际著名机构投资者如瑞士信贷（Credit Suisse）、凯雷投资集团
（Carlyle Group），以及淡马锡控股公司（Temasek Holdings），更受
到很多香港著名商人如郑裕彤、李兆基、蔡志明、杨受成和刘銮雄
等垂青，所以相信三兄弟亦和他们建立了不错的人脉关系。

现代资本主义的一个重大制度创新是股票市场，利用这个制
度，社会中的资本供应与资本需要可以得到有效联结——即是需要
资本以推动扩张的企业，可以通过发行股份和债券筹集资本；而手
上有闲钱并想进行投资的社会大众，则可通过购买企业股份和分享
股息成为股东，大家各取所需、互惠互利，亦共同承担风险，而更
为重要的一点是，有了强大的公众资本后台，不少上市企业随即取
得突破性的发展。新鸿基地产便是其中的例子，在上市后取得了十
分巨大的成果。

相信雄心勃勃的郭英成三兄弟对公司上市后的发展前景自然有
一番美好憧憬。从公司披露的资料看，佳兆业集团创立伊始，郭氏
三兄弟已在发展地产业务的同时，大力发展金融生意，并成立了一
个名为富昌金融集团的企业，作为统领金融领域的旗舰，然后在其
下开设多家全资拥有的子公司，包括富昌证券、富昌期货、富昌融

资、富昌金业及深圳富昌易贷等，其中又以富昌证券最具实力，此公司属香港50大券商之一，而担任主力的（主管富昌金融集团），则是身为大哥的郭俊伟。

郭氏三兄弟明显认识到走好金融棋子，便能全盘皆活，并利用其不同金融公司与工具，支持佳兆业集团在内地不同层面进行投资、购地和开发，全力出击、大肆扩张，并迅速形成了现代社会所谓的"金融控股公司"，不但实力大幅壮大，在社会上的影响力亦同步上扬。

事实上，从公司公布的资料看，上市后的佳兆业集团，在股价、净收益率和资产总值三方面，均获得相当不错的表现。举例说，在股价方面，上市翌年及第三年的股价资料显示，其变化与恒生指数相去不远，2013年及2014年则较恒生指数为佳，只有2015年又因公司下跌较大而表现较差，但以平均计则相去不远（见图5-4）。

在净收益率方面，在2007年至2010年间，公司的净收益率虽

图5-4　佳兆业集团股份指数与恒生指数增长率比较（2011—2015年)

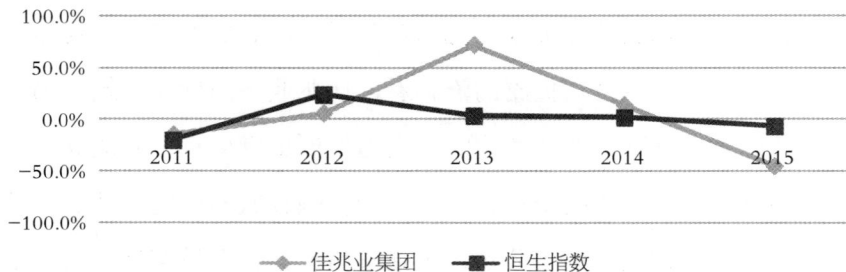

然一直维持在一成至两成之间，但呈下滑之势。2011年有了大幅度急升，可惜翌年又大幅回落，接着在数年间持续滑落，但净收益率基本上维持在一成以上的水平，算是一个不错的数字（见图5-5）。

图5-5　佳兆业集团净收益率变化（2007—2015年）

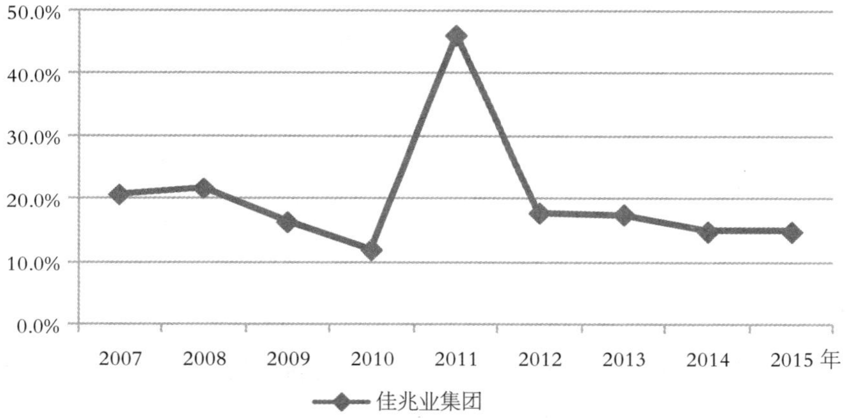

在总资产方面，公司基本上维持着逐步上扬的势头，例如由2006年的5.72亿元，上升至2009年的17.86亿元，然后是2013年的87.61亿元，增速很快。之后则因公司停止交易，无法获得相关资料（见图5-6）。尽管如此，我们仍然可以看到，公司在停牌之前，基本上表现出持续上扬的趋势，没有任何失去发展动力的迹象。

简单来说，强大有力的金融力量，令佳兆业集团的地产发展遍地开花，在全国不少重点城市搜购土地、大兴土木，尤其是在深圳和广州以外的上海、北京及珠海等地扩散较快，并在全国拥有近40个城市更新项目。而最有力的指标则是截至2014年6月底，

图 5-6　佳兆业集团历年资产总值变化（2006—2013 年）

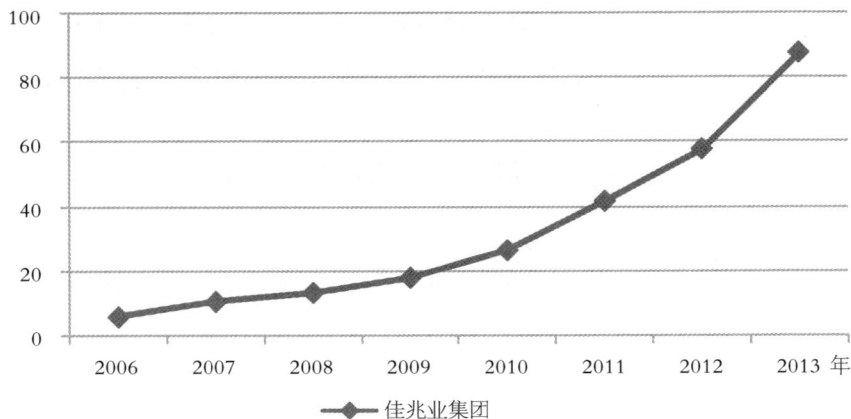

佳兆业集团的总土地储备（建筑面积）已约有 2360 万平方米，其 2014 年设定的销售目标是 300 亿元。与此同时，集团更与国际著名酒店品牌万豪集团签订合作协议，计划在深圳兴建世界最高的建筑物之一。

巨大风险隐患

然而，扩张过急、战线太长，必然会产生消化不良与补给难以为继等问题，给企业发展带来各种各样难以应对的问题，而更为致命的则是系列"旧改"项目（包括收购旧楼和烂尾楼）由于牵涉太多是非纠纷与利益转移，很容易滋生权力寻租与私相授受问题，给集团的投资和发展埋下了巨大风险。

可惜，郭氏三兄弟似乎尚未察觉当中的潜在巨大投资风险，及早作出适当的分散投资风险安排，或者说"只知进攻，未做防守"，因而遭遇了日后的巨大危机，招来致命打击。事实上，如果他们能够作出较好的风险评估和管理，例如及早以分家析产的方法进行财产分割，避免"把所有鸡蛋放在同一篮子中"，则相信不至于出现整个家族日后陷于困局的问题。

综合中外报道和分析，令佳兆业集团进入风雨飘摇时期的触发点是 2014 年 12 月 2 日，旗下 5 个位于龙岗区的楼盘遭锁定禁售。同月，另有多个楼盘被禁售。紧接着在 2014 年 12 月 10 日，佳兆业集团晚间发布董事会重大调整公告，公司创始人郭英成将辞任执行董事、董事会主席、提名委员会主席、薪酬委员会成员及公司授权代表等一切职务，郭英智将调任非执行董事，而集团副主席谭礼宁也将辞职，股票则暂停交易。其中最为触动市场神经的，则是郭英成卷入了深圳贪污案。

受到这一惊人消息和人事方面剧烈动荡的影响，集团经营状况急转直下，至于本身一直热衷于"财技"，而实际上集团的融资规模又颇为巨大——除了国内机构投资者，更有境外金融巨头如贝莱德（Black Rock）和富达投资（Fidelity Investments）等国际大型基金或债券公司，其中的海外募集资金总规模据说高达 25 亿美元，显示了当时公司的债务压力。

尤其值得注意的是，海外债权人对于这个突如其来的消息和公司举动，表现得相当担忧。事实上，各地债权人立即纷纷要求冻结佳兆业资产以确保可以收回资金，减少损失。面对这一局面，尽管佳兆业集团想尽解决方案，但一时间实在难以应对。具体的方案是利用债务重组的计划，提出削减债券利率和推迟支付的方案。但这样的方法，实际上只是将债券的价值减半而已，并无实效，所以不久便出现了现金断裂的问题。

到了 2014 年 12 月 31 日，公司更因无法偿付早前向汇丰控股借贷的大约 4 亿港元（5160 万美元）债务而被指信贷违约，事件可能触发其他潜在交叉信贷违约问题，给公司的财务状况造成更为重大的不利影响，令公司资讯不透明的问题变得更为尖锐，加上公司卷入贪污案等，很明显让人觉得公司正处于风雨飘摇的极危险边缘。

面对危机，郭氏三兄弟想方设法进行营救。有报道称，在郭英成和郭英智等管理层辞去职位后，公司打算通过出售旗下资产与股权以自救，其中又以与万科集团洽谈最为重要，但双方一时间无法达成一致协议。为此，公司与另一地产开发商融创中国接洽，寻求合作与支持。

2015 年 2 月 4 日，香港交易所披露了佳兆业集团股权转手的消息，指融创中国已于 2015 年 1 月底以均价每股 1.8 港元的价格，收购郭氏家族持有佳兆业集团合共 25.3 亿股的股票（占佳兆业集团股权的 49.25%），总收购价达 45.5 亿港元。至此，公司危机似已化解，郭氏家族应是放弃了由其一手创办的佳兆业集团。

迟到的分家

然而，情况却在 2015 年又发生了巨大变化。2015 年 4 月 13 日，公司突然宣布原于前一年底辞任主席的郭英成，重获委任为主席。由于此举既意味着早前与融创中国达成的交易可能告吹，亦暗示早前指郭英成卷入贪污案或已解决，市场自然高度关注，起码会被解读为外部危机已有所缓解。

据报章的进一步报道，首先，佳兆业集团在深圳的部分预售楼盘，已暂获解封，可以发售；其次，又指公司获得生命人寿贷款 13.77 亿元（约 17.4 亿港元），令其可以暂纾财困。一如市场预期，到了 5 月份，融创中国宣布中止收购计划，令佳兆业集团的控股权返回郭氏，只有股票仍继续停牌，显示核心问题尚未解决。

大约四个月后的 2015 年 9 月 8 日，郭氏三兄弟再次向市场披露重要举动，而这次的做法，则让市场解读为三兄弟"分家"告终。正如本文开篇时所引述，郭氏三兄弟将本来由家族信托共同持有的 49.25％佳兆业股权"清仓"，重新进行股权调整。而经重新调整后的股权分配，则是股权均分，即郭英智持有 16.41％、郭英成持有 16.42％，而郭俊伟没持有股份，应是其子郭晓群持有 16.42％。从集团网站显示，除郭英成留任董事局主席外，郭英智、郭俊伟及郭晓群等兄弟子侄已不见身影，亦不再是公司高层，可见分家之大局已定。

至此，我们可以粗略看到，家族企业发展的三个重要轨迹：创业时，兄弟同心协力，令企业取得突出成绩；壮大时兄弟仍能合作无间，企业不断发展；但到了重要阶段，或面对巨大挑战时，则会以分家告终。决定分家的其中一个重要考虑因素，则一如媒体所云"料为分散风险"。就是说，兄弟并肩前进的做法，虽可发挥更大力量，但明显会产生投资和风险高度集中的问题，因而会削弱家族应对变故的能力，尤其当整个集团和家族都面临危机与挑战。分家析产、兄弟各有不同发展，"不把所有鸡蛋放在同一篮子里"，自然别具投资意义，所以在经历重大困扰后，佳兆业集团的郭氏三兄弟，最终选择走上分家之途，虽说较迟，但还可以亡羊补牢，为时未晚。佳兆业停牌期间陷入各种传言之中，被指财务造假、净资产"零价值"，"永远复不了牌"，但企业终于一一挺过来。停牌两年后，在2017年3月正式复牌，复牌一天内股价更爆升了56%，其后股价不断攀升。据公司发布的资料，集团销售业绩持续理想，成功扭亏为盈，佳兆业集团后能轻身上路，可见分家并不总是有害无益的。

回避分家的心理因素

无论是新鸿基地产郭氏三兄弟，还是佳兆业集团郭氏三兄弟，他们的故事与传奇经历，明显让人看到兄弟同心、共同努力，推动家族企业不断发展的一面，但他们最终走向分家的结局，却又揭示了传统社会理想中的"同居共财"或"家大必分"敏感问题的另一面。后者会让人看到，太迟分家虽然有可能会成为家族及企业造成伤害的关键问题，但它同时意味着，分家析产其实是有助多元发展、降低投资风险的另一个积极因素。

分家析产这个在传统社会里十分平常的机制，却在今天这个思想开放的现代社会被贴上了负面标签。简单而言，在一般人心目中，不分家代表了兄弟和睦、团结一心，甚至是兄友弟恭，全力发展；相反，分家析产则代表了家人关系恶化，家族内部矛盾浮出水面，甚至是产生了激烈争斗。换言之，不分家成为家庭和睦的象征，分家则成为矛盾争拗的代名词，所以令不少家族不愿轻言分家，哪怕是内部已经存在巨大分歧和矛盾。传统社会的大家族较少分家，他们追求数代同堂，同居共财；而现代社会已甚少有爷孙数代同住屋檐下不分家的情况，但分家仍被不少人所避忌。

更值得注意的是，社会往往把分家问题与"富不过三代"的说法联结在一起，潜台词是分家令家族及企业的力量遭到削弱，结果只会走向消亡。正因如此，不少家族对于是否应该分家的问题，表现得十分抗拒，甚至视为禁忌，既不愿谈及，更遑论敢于为之，因而令家族内部矛盾与分歧不断积聚，就算是分家有助分散风险与投资多元化等正面作用，也甚为避忌，无论是大家族还是小家族，分家的决定或安排，总是要拖到不能再拖之时，才会采取行动。但那时候往往已经错失了最能支持家族及企业发展的时机，也可能会给家人关系带来难以愈合的伤痛。

两个郭氏家族的分家启示

我们从事后诸葛的角度，回头审视这两个郭氏家族的案例不难看到，新鸿基地产郭氏家族的分家析产要求，如果能够及早得到认真对待，而不固执于家族信托早年订下"不可分拆"的教条，一场本来只属内部矛盾的争拗，则可以避免，或许不会牵扯出一场世纪贪污案，影响了家族发展与亲人关系。

同样地，佳兆业集团郭氏家族在创业有成后或是企业上市后，如果能针对本身投资问题，及早分家，让部分家族成员开拓其他生意或投资，而不是以为将家族股权放到信托基金便可高枕无忧——虽然家族成员其实已分别成立了不同公司，但其实质上的投资仍集中于佳兆业集团和富昌金融集团，那么一场巨大的投资危机相信可以化解或避免。

由此看来，在某个家族及企业的生命周期过程中，当遇到某些发展挑战或阻碍时，家族成员尤其是家族领导，如果能够从客观理性的角度分析问题，不执着或纠缠于某些情结，不是一厢情愿地维持家族表面上的统一，甚至是同居共财、数代同堂的理想，而是想到分家同样有益处，顺势而行，则相信不会造成适得其反的结果，最后给家族及企业带来难以挽回的伤害。可见审时度势，准确拿捏，实在是家族及企业在不同时期可以不断发展的重要因素。

同居共财的历史背景

　　这里需要引起我们对同居共财抑或分家析产两个重要选择的思考。撇除一些表面理由不谈——例如前文提及不分家有利营造家族一团和气、兄友弟恭形象，如果我们只从实际利益的角度看，则不难察觉，在传统社会，世家大族较强调同居共财、不愿走上分家之路是有其道理所在的，而在现代社会，尤其当那些扎根于城市的世家大族已经有了一定规模且有西化成分之后较多选择及早分家，也有其理性评估的现实意义。简单来说，传统社会较强调同居共财应与分家的交易成本太高有关，而现代社会较接纳分家析产应与分家更能消减家族发展过程中的风险，并有助于落实多元化策略。

　　众所周知，在传统社会，无论是制度保障，例如对私人财产的保障、财产转移的手续，以及财产在市场中的交易机制等，还是资本积累，都比现代社会落后，所以讲求同居共财，集一家上下之力以积累财富，想尽方法将那些来之不易的财富传承下去，这些财富一般而言不外乎金银珠宝、田地、祖屋等。撇除金银珠宝的流动资产较易处理不谈，在传统社会，田地与祖屋等不动产的分割手续，其实十分复杂，交易成本极高，更不用说分割后会产生很多后遗症，例如经济规模效益大降、容易引来非家族中人觊觎等，均令不少家族对分家却步。所以他们会在重大实质利益的考虑下，大力提倡同居共财，以遏止家族中的分家诉求。

尽管如此，当家族生命周期发生重大变化时，例如大家长去世，子女已婚或是孙辈已长大成人且已进入接班阶段时，依然会涌现更多内部矛盾，令分家的诉求变得激烈，反过来说则是维持家大不分的效益下降，而付出的代价上升。可以预期的事实是，内部矛盾积累日深，甚至可能发生冲突——即到了真的没法坚持下去的阶段，这也意味着维持不分家的成本大到没法承担的地步，最终还是会选择分家收场。

多元化投资与诸子均分

在现代社会——尤其是在高度城市化的大都会，一方面是制度保障——特别是对私有产权保护以及财富转移方面——有了巨大进步，另一方面则是资本积累有了新的特质与内涵，这些必然会影响世家大族的发展策略，而风险管理则是任何世家大族能否代代相传（更专业的表述应该是"可持续发展"）的重中之重。更具体地说，现代社会的不少制度，在私有财产保护和交易费用方面均有很大突破，令无论是动产或不动产的分割与交易，都变得轻而易举，费用极低。即使是传统社会颇为复杂的公司股份，也可以在弹指之间在所费无几的情况下实现交易（股票市场），这表明传统社会因交易费用太高而阻碍了分家选择问题大幅消减，而城市的生活环境和各种互动模式，也明显不利于世家大族同居共财的选择（有关此点我们日后再作深入阐释）。而随之涌现，并且牵动世家大族神经的，则是如何在波涛汹涌的政治经济及投资环境中力保不失，确保家族社会地位与影响力可以代代相传、持续发展的问题。

因此，在投资学中一直被奉为圭臬的"不把所有鸡蛋放在同一篮子里"的分散风险原则，开始备受重视。因为对于世家大族而言，其庞大的财富事实上已经"几世都花不完了"，所以只要有稳定回报，力保不失，基本上已经可以让家族财富延续下去。而与分散风险一脉相承的，则是多元化投资。这一点尤其与中国文化沿用了数千年的诸子均分制度同出一辙，因而在世家大族中得到颇为普遍的落实，不少华人家族企业呈现的榕树式发展形态，则是很有力的说明。

必须补充的是，中国文化所强调的多子多孙的人生追求与诸子均分的继承制度，其实与企业的多元化发展方向极为匹配。中国文化对于多子多孙的追求，其实已产生结构性问题——人多虽然力量大，但必然口杂心多、是非争执亦多，而诸子均分则有利于化解诸多问题，子孙分途并进，自然是现代管理学所说的多元化发展。由此可见，诸子均分与多元化发展是一体两面且可互相配合的一种制度安排。

可惜，有些家族或成员对于分家有助投资多元化及降低投资风险（包括经济资本及人力资本等）等问题，似乎认识得不够深入，或者说是避忌于分家意味着亲人关系恶化，甚至是受坊间"分家会导致家族力量减弱，促使家族走向败亡"等负面印象的影响，所以不愿意将分家析产视为可以接受的选项，当然更不会考虑分家的正面功能与作用。结果多是俗语所说的"强扭的瓜不甜"，最终还是要走上分家之路。两个郭氏三兄弟的家族案例，可以说是其中的有力说明。

信托之殇

除了以上要点，还有一点与家族信托有关的问题必须注意。踏入 20 世纪后，在盎格鲁撒克逊文化逐渐流行起来的信托制度引入香港，成为不少巨富家族视为可以确保"富过多代"的现代化制度创新，所以许多家族乐于采用。然而，他们又大多过于迷信家族信托的效力，以为可以放诸四海皆准，在不同文化中均能适用。实际上则是低估了中国文化与西方文化的本质差异，没有预期到这种源于西方的制度安排，可能会与中国文化的某些价值观或原则相悖，产生难以预料的问题。

具体而言，郭得胜当年订立家族信托时，社会中"争家产"的官司并不常见，他并没察觉传统中国文化诸子均分制度中兄弟子孙对于追求自立门户所产生的巨大力量，反而对西方的信托制度信心满满，觉得这个制度设计有助其实现心目中"兄弟同心、其利断金"，并可世世代代延续下去的愿望，所以便立下了家族信托控股权"不能分拆"的"紧箍咒"。可惜，结局还是事与愿违，兄弟之间最终不但以分家收场，还因分家问题拖延太久，未能及时解决而产生了预料之外的不良效果，尤其赔上了亲人感情与关系。

事实上，不少家族都过于相信订立遗嘱或是成立信托后，传承问题便能解决，可以一了百了、高枕无忧，而没有考虑到应该加强家族内部关系与情感才是最关键问题。最近爆出来，并引发中外社会议论纷纷的鹰君集团罗氏家族成员不满汇丰信托工作，以及新加坡李光耀家族因为李光耀遗嘱中的大宅如何处置问题，便是最好的说明。我们不能一厢情愿地以为，信托及遗嘱的安排可以彻底解决家族传承问题，还需用心经营亲人之间的感情与关系。

回到两个郭氏家族的问题上。一个有趣的现象是，无论是创业时"始终如一"地专注于地产业，或是发展过程中强调三兄弟的同心协力，还是公司控股权集中由家族信托掌控，佳兆业集团的郭氏三兄弟，似乎一直以新鸿基地产的郭氏三兄弟为学习对象。正因为如此，其发展过程中碰到的某些问题，也与新鸿基地产郭氏三兄弟颇有相似之处。更为引人关注的，自然是当新鸿基地产的郭氏三兄弟最终决定分家之后，佳兆业集团的郭氏三兄弟，也公布将本来由家族信托共同拥有的控股权，改为三房均分，各自持有。背后的思考，可能亦是最终察觉到"不能分拆"的规定与本身文化相互排斥的问题，所以改辕易辙，及早作出应变。

顺应家族生命周期的选择

诚然，必须肯定的是，源于西方的不少具现代化色彩的制度，确实有其强势和优点。强调透明与问责的公司治理便是最好说明，信托制度亦有其突出优点。但必须申明的是，我们并非一味肯定现代化制度，只是想强调，由于现代化制度源于西方社会，某些地方或角落，自然渗透了西方的历史、宗教、文化、价值观念等内容，所以这些制度在西方社会可以运作畅顺，发挥良好效果，但移植到我们的文化时，如果只是生搬硬套，未经调适筛选，则很容易产生水土不服的问题，最后会有预料之外的后果，导致家族内耗，新鸿基地产郭氏家族信托中"不能分拆"的规定，就是因低估中国诸子均分制度所产生的分裂力量，最终给家族带来伤害，当中的问题实在不容小觑。

概括而言，无论是新鸿基地产案例，还是佳兆业集团案例，长期以来两者都备受中外社会乃至学术界的高度关注，原因是这两个家族企业初期被认为是"兄弟同心、其利断金"的重要模范，而两个家族的三兄弟均各司其职，同心经营，带领企业冲上了一个又一个高峰，直至企业遇到困难，兄弟之间爆出了各自的想法，甚至要求分家的消息，社会才恍然大悟，原来昆仲之间存在外人难以理解的激烈矛盾，而企业投资太集中，未能够多元化，更是给家族的长远发展带来巨大挑战。

　　毫无疑问，在华人家族企业内部，除了有血浓于水、打虎不离亲兄弟等团结一致的一面，同时也存在着矛盾竞争、各自为政等分裂不稳的另一面。前者有助家族企业集中力量以开疆辟土，后者则可以分散投资风险，促进家族成员分途并进，有助守业。正因如此，社会及家族中人应该透彻地了解其中微妙之处与如何转换，顺应家族不同生命周期的发展需求，做好风险评估与适当应变，在应该分家的阶段，让其分家，以消减内部矛盾，只有这样才可让不同家族成员在各个领域中有更好的发挥和贡献。

　　在现代社会，社会大众可能常常会将"分家析产"的做法贴上负面标签，认为这样会"化整为零"，既削弱家族资本积累，又降低企业竞争力，甚至可能因此将父辈辛苦建立的基业摧毁，因而想方设法创立信托基金，或在遗嘱中做出重重限制，希望儿孙一团和气，同心一德，令家族企业或财富共同拥有或传承下去。可是，主观意愿是一回事，客观事实又是另一回事。从两个郭氏家族案例中，我们看到的事实是，在某些发展阶段，兄弟同心一德当然产生了巨大动力，但当家族或企业进入到新的发展阶段时，尤其是出现强烈分家诉求时，则不应强求，将他们全捆绑在一起，而应该顺势而行，按中国传统进行分家，让各房子孙各走各路，因为此举并不意味真的会削弱家族实力，还有可能推动家族及企业的多元化发展，让家族及企业走上新的发展阶段。

分家必弱的成见与误区

两个郭氏家族，为了避免家族内部的矛盾恶化与分散投资风险，在家族财产与企业控股权方面作出了颇为相似的安排，都选择了分家析产。分家析产是否是华人社会无法回避的问题？分家之后是否必然令家族及企业滑落呢？其实分家并非如坊间想象般负面，分家析产在华人家族企业的发展进程中，其实有利有弊，不应一概而论，尤其不可低估分家的正面作用。

对于华人家族企业的发展，寿命不长（富不过三代）和规模不大（难以做大做强），长期以来成为不少人眼中最难解决的两大问题，其中口径一致的指责和批评，则与中国文化强调多子多孙，并采取诸子均分继承制度有关，认为两者互为因果，同时彼此牵制，令家族和企业无法摆脱内部争斗与分裂。简单而言，因为子孙众多加上诸子均分，产生了人多口杂等问题，并很容易令内部矛盾激化为分家析产的诉求，最终以分家告终，所以在华人社会，家族及企业长期困扰于亲人相争、矛盾纠缠与不断分裂的恶性循环之中，并因此给人"富不过三代"且企业难以强大的负面形象。

对于分家析产不利家族企业壮大与长远发展的问题，社会的看法基本上可以归纳为如下四点：

　　一、分家析产不利资本积累；

　　二、家族内斗和分裂会削弱竞争力；

　　三、分家反映了家族矛盾的表面化，给家族感情造成伤害；

　　四、分家令家人成为生意的潜在或实际竞争对手。

　　历史告诉我们，资本积累就如发展力量的集结，是商业与经济朝向持久发展的重要一环，因为强大的资本后盾，意味投资规模可以更为巨大、投资期可以较长，从而产生规模经济的巨大效益，带来更为丰厚稳定的回报，在某些情况或条件下，甚至可让相关企业在这个发展过程中确立市场的主导或垄断地位。

　　与之相反的，当然是资本薄弱在商业经营上的诸多不如意和难以突围，所以社会总会对于那些能够完成资本积累目标的家族或企业投以艳羡目光。正因如此，一个由上一代经历辛劳血汗才建立起来的企业，如果因为家族内部纷争和分家而分裂，自然会给人造成负面印象，认为分家会削弱资本积累，"自废习武多年才能点滴积累下来的功力"，不利于资本积累。

　　父母若育有两子，按诸子均分的原则，在分家时自然应将家产一分为二，即每子可获家产的二分之一，这暗示父母辛苦积累下来的资本，在分家过程中被削弱了一半。父母如果育有八子，在分家时自然要将家产均分为八份，即每子可获家产的八分之一，这便暗示在分家过程中，父母辛苦积累的资本被削弱至只有八分之一。

因此，一个简单直接且十分鲜明的图像是：强调多子多孙的中国家族，在诸子均分的制度下，自然被认为存在分家必弱的致命伤，不利于资本积累，因为多子多孙必然会令家产分得更细更小，而这种情况若与采取单子继承制的日本及不少欧洲国家比较，尤其会凸显其不利资本积累的一面。

在中国文化中，强调多子多孙的一个理念，是觉得人多力量大，可以为劳动、生产或防卫等做出贡献，而同居共财，尤其可以令资源得到更好利用，产生更大效益。但是，分家令人多力量大的局面打破，同居共财的效益消失，因为分家析产不但意味子孙各有自己的事业与生活，也标志着大家各散西东、各走各路与单打独斗，所以必然会失去原来因为团结一致、共谋发展所产生的那股巨大力量，令家族及企业难以持续。

分家析产带来的另一问题是，家人有可能会因为分家成为生意上潜在或实在的竞争对手，给企业发展带来压力。由于家族中人对家族企业的生产技术、产品配方、经营特长、市场资讯以及商业网络与人脉关系等，有同样的深刻了解并完全掌握，加上很长时间拥有相同的行使权，所以常会出现兄弟姐妹在分家后（或是夫妻在离婚后）做同一生意，大家成为直接市场竞争者的现象，香港的镛记酒楼（两房堂兄弟姐妹相争）、海天堂龟灵膏（两姐弟相争）和澳门的玛嘉烈（葡挞）饼店（两夫妻离婚后相争）等，便是其中的例子。

同样不容否认的是，分家析产的举动反映了家族矛盾的表面

化，给家族感情造成伤害。与个人或企业的成长一样，家庭或家族
亦有其诞生、成长、成熟与衰老的生命周期。当一个由父母与未成
年子女组成的家族，父母逐步衰老，未成年子女则长大且各自成
家立室之后，内部关系（尤其是父子、兄弟、婆媳、妯娌）很自然
会发生复杂变化，也让各种矛盾与摩擦迅速增加，甚至更为盘根
错节，此时分家则成为内部矛盾与摩擦无法解决情况下的一种选
择。无论这种选择是自愿的或非自愿的，所产生的结果或印象，则
是一家人和睦不再、亲人关系受损，而家族及企业的发展难免受到
影响。

本章结语

    毫无疑问，以上各个因素确实有其不利家族团结与弱化企业发
展动力的一面，给家族企业的长远发展与做大做强造成障碍，但
是，从过去多年的研究中，我们却可以观察到，分家并非总如洪水
猛兽，给家族与企业带来灾难性后果，因为虽然分家会给家族及企
业带来一些负面冲击，但却可化长痛为短痛，同时亦会产生促进竞
争的正面效应；而更重要的则是，分家是中国文化下的一种“自然
现象”，情感上难以接受也必须要面对。既然如此，以正确态度处
之，或是用“积极心理学”（positive psychology）来看待，则肯定
比消极逃避来得更具积极意义。

事实上，如果从积极心理学角度看，我们不难发现，分家析产会削弱资本积累的说法，基本上是立足于家产固定不变在某一水平的假设。如果家族能把企业做大，即俗话所说的"把饼做大"的理论，则分家并不代表会削弱资本积累。最值得参考的例子，是不少家族会在筹划分家之前，将家族企业上市，例如 2011 年时郑裕彤决定将经营超过 80 年的周大福（新世界发展的控股公司）上市，然后全面落实家族最后阶段的分家析产，这种做法使得企业价值大涨，然后按子女数目或表现分配持股量。

至于上市后的家族企业，虽然会产生家族持股量下降的问题，例如会令其身份由原来的多数控股股东（majority-controlled shareholder），变成少数控股股东（minority-controlled shareholder），但基本上仍能紧紧地掌控企业，李国宝家族紧紧掌握东亚银行便是很好的例子，这都表明企业借由上市进行分家析产，并不一定会削弱家族的资本积累。更为重要的是，企业上市与分家相结合，更可以有效地化解家族内部矛盾——因为如果有家族成员觉得难以继续留在家族企业，宁可选择离开，那么其退出机制可以更为公开公正，只要在股票市场中出售股票即可，这样可以更好地化解家族矛盾。

另一方面，分家析产虽然意味着兄弟姐妹们不再团结，各走各路，但他们的各自发展，却又可间接促成家族人力资源与生意投资等多元化，降低家族的发展风险，这在投资及政治经济环境波谲云诡且变化多端的年代十分重要。众所周知，在创业阶段，就如开疆

辟土之时，确实须要集中所有资源，争取胜利。但是到了建立王
国，须固守家业时，人力资源与生意投资的过度集中，则会产生全
家只做单一生意，而投资则有欠多元的问题。当然，如果社会环境
一直无风无浪，投资过于集中所产生的问题，或者不会太严重。但
如果遭遇时局逆转、市场大变，则会产生各种预料不到的风险，轻
则影响企业起落，重则危及家族和企业存亡，可见家族与企业无论
人力资源或是投资的多元化，均十分重要，对此家族中人不应掉以
轻心。

　　与分家析产会令家人成为生意潜在或实在的竞争对手问题一体
两面的，是分家析产会激发家族成员之间各尽所长。因为兄弟姐妹
们为了证明自己并非纨绔一辈，都不愿示弱，在分家后往往会表现
得格外奋发图强、努力打拼，以争取好成绩。值得指出的是，不少
华人家族总是让人觉得充满企业家精神，所以不少家族企业常被称
为"企业家族"（enterprising family）。究其原因，其实与分家制度
容易滋生自立门户行为有关，因为分家的安排，家族企业可为有意
另起炉灶的成员提供创业启动资本，加上家族企业的成员总是拥有
生产技术、商业资讯、经营及人脉网络等条件，所以容易促使他们
走上创业之路，将家族企业发展成榕树式家族集团。当然，发展道
路不一定只是从商，有些成员会选择专业，有些成员甚至会加入政
府，这些均可令家族实现人力资本的多元发展。

　　无论是自愿或非自愿，分家的最终决定，无疑揭示了家族内部
矛盾与摩擦已经到了不能和睦相处，甚至到了不能容忍与持续下去

的地步，所以难免伤害亲人感情。但如果我们再细心一点看，这种安排，实在又能比较有效地消弭矛盾、减少摩擦。因为分家之后，大家不用局限于同一屋檐下，因"抬头不见低头见"而常有争吵的问题可以得到解决，并可令过去较为紧张的父子兄弟关系或婆媳妯娌关系得到舒缓。更重要的是，分家有利调动成员间的积极性，因为各人自立门户、另起炉灶之后，自然需要自力更生，自负盈亏，而且是多劳多得，因而可以避免未分家前某些家族成员或会被指不够勤劳努力，只是游手好闲等问题。

从以上多层次多角度的分析中，我们可以更为清晰地看到，长期以来被认为是导致"富不过三代"或是家族企业难以做大做强重要因素的诸子均分制度（分家析产），其实并不一定会成为窒碍家族企业发展的必然障碍，这表明坊间所指的"分家必弱"问题，并非完全正确。恰恰相反，因应家族生命周期的发展，在适当时期进行分家，一方面有助消弭家族内部积累下来的诸多问题，另一方面则可为家族踏上更高的台阶注入动力，所以其正面作用应当得到肯定。

第六章

人力资本：家族
企业的核心力量

利希慎家族的繁衍与变易

· 任何家族和企业能世代相传，除努力、运气和社会经济环境等
  外部条件，更重要的是人力资本。
· 与数量相比，人力资本的素质是重中之重。
· 任何经济及生产活动都须由人力执行才能完成，人力资本极为
  重要。
· 事物的成败盛衰得失只有人能感知并据此决策，由此人力资本
  成为家族企业发展中的决定性因素。
· 本章以利希慎家族为案例，探讨人力资本的质量和数量如何决
  定家族命运的起落兴衰。

人力资本在家业兴盛繁衍中的作用

在讨论利希慎家族案例之前，我们先来讨论何谓"人力资本"。从人口学角度说，人口大体上可分为劳动人口（有生产能力的人口，一般指 15—64 岁人士）与非劳动人口（无生产能力人口，一般指 0—14 岁及 65 岁以上人士）。前者具有较强的生产力，而后者具有较多的消费力，后者又需要前者的照顾。至于劳动人口的生产力，或者说是所能发挥的力量，则与人口素质密切相关。

一般而言，人力资本的素质，除天生的性别、体质等，大部分可靠后天的教育、培训、经历和考验等各种方法优化提升。人力能否转化为资本、提升素质，成为驱使家族、企业或社会前进的动力、竞争力或领导力，为各种所在组织的持续发展作出贡献，极为关键。正因人力资本的质量和数量对家族和社会极为重要，华人社会古往今来均极为重视：一方面强调多子多孙的世代繁衍理想，重视数量所发挥的力量；另一方面又将教育放在决定家族及社会发展的核心位置上，竭力将人口转为资本，提升人口素质，目的当然是希望借以提升家族及社会的发展潜能，后者尤其侧重教育、考验及经历等在提升人力资本素质上的重大作用。

回顾历史，华人社会一直对人力资本的数量和质量十分重视。所谓数量，当然是强调百子千孙、开枝散叶的文化与传统，所以中国长期成为世界上人口最多的国家；所谓质量，则是将教育投资转化为人力资本的各种努力，所以中国成为世界上最为重视子女教育的国家之一。有关中国文化强调百子千孙的传统，过去的探讨已有不少，在此不赘。而在强调教育以提升人口素质方面，由于乃重点所在，本章将集中讨论。

对于华人社会重视教育的问题，美国麻省理工学院经济学教授黄亚生系统比较了中国及印度这两个同样人口众多、幅员辽阔，且历史悠久的文明古国在二战结束后的不同发展进程，尤其是中国为何在一穷二白的情况下，仍可重拾发展动力，逐步走上发展之路，并取得震惊世界的经济成果。他得出一个最为核心的结论：中国比印度更重视教育，这令前者的人口素质及人力资本变得比后者强，因而成为中国经济可以取得相对突出表现的最强大动力或最重要因素。

正因华人社会对教育一直十分重视，不论家族贫富，投入到教育方面的资源，自然不会吝啬，说到底则是由于社会清楚地认识到，人力资本的提升，有助家族的长远发展。在这方面让人津津乐道，且时常被引用的例子，非《战国策》中一段吕不韦与其父亲的对话莫属。因为该段对话极为深刻地点出了人力资本投资的重要性，而其价值或要旨，在当今社会仍可成为我们在回答为何社会愿

意投入大量资源于教育之上，从而提升人力资本的综合注脚。对话
内容如下：

（吕不韦）谓父曰："耕田之利几倍？"

曰："十倍。"

"珠玉之赢几倍？"

曰："百倍。"

"立国家之主赢几倍？"

曰："无数。"

就是说，相对于投资在田地、珠玉等货物之上可以带来"十
倍"或"百倍"的回报，投资在"立国家之主"人力资本上所带来
的回报，更是数之不尽的"无数"，可见之间差异之巨。除去狭隘
地视人力如货物的投资观念可能被指违背人道主义的问题不谈，在
那个年代，吕不韦将投资视野由货物转移到人力之上，无疑乃重大
突破，反映他已察觉到人力资本的投入，日后无论在创富开拓，乃
至带领家族不断前进等各种层面上，均能发挥巨大作用。

当然，中国文化与其他文化不同的另一重大特点，就是世界上
少见的重文轻武、贬视武力斗争的传统文化。这种文化更非建立在
依靠在宗教信仰之上。中国虽以农立国，但除战乱时期武人角色较
为吃重，或是较强调炫耀武力外，其他大部分时代所高度重视的，
则是读书识字、诗礼传家——"万般皆下品，唯有读书高"，更成

为历久弥新的核心价值。其中的关键所在，与帝制时期长久以开科取士的政策有关。

在帝制时代，寒窗苦读、考取功名几乎成为社会大众阶层地位往上流动最主要的途径。尽管社会亦有"君子爱财"之说，但本质上与西方古代天主教教义抑压财富或贱视金钱观念截然不同——尽管在中国文化中发财致富明显并非提升社会地位的终极目标。就是说，在我们的社会，对于财富的追求，基本上属于初期或中期目标而已，是为了改善个人或家族生存物质条件而努力争取的，心中真正的渴求，是子孙努力读书考取科举，出仕为官。由富而贵是中国人普遍追求的高层次需求，与马斯洛需求层次理论可谓同工异曲、本质一致。

正因如此，我们可以看到，古代社会个人或家族的努力目标，自然不止于富，更为重要的是贵，渴望金榜题名、光宗耀祖。至于努力提升人力资本的方法，便是皓首穷经，寒窗苦读，以求高中出仕。宋代江苏江阴一个数代为官的士大夫家族——葛氏家族定下"传家何用富金籝，教子何如只一经"的家训，要求子孙后代紧守与跟随。这样的家族，我们可视之为"士官家族"——即全家鼓励努力读书以考取功名出仕当官作为最大目标。

事实上，这个葛氏家族正因一直坚持教育苦学的重要，以提升子孙人力资本，家族也因此获得了极为丰硕的成果：历代子孙不少人金榜题名，入朝为官者亦人数众多。曾有诗赞誉葛氏家族中多人中举的盛况："五家五世十三人，竞撷丹枝撼月轮；庆历贤科开后裔，隆兴儒业继前尘。"意指葛氏家族五代中有十三人曾经考获进士这一极为突出的成绩。由于在古代社会强调"一人当官，全家沾光"，十三人曾经考获进士的成绩，同朝为官，在官场中互相扶持，家族一直兴隆，贵及数代人。

进一步数据还显示，除了本家的十三人曾经因为考获进士而获封官职外，该家族的别房，亦有五人曾金榜题名，所以总数是十八人，即平均每代有四人及第，入朝为官。除此之外，家族又有不少成员获推荐出任中低级官员，可见那时的葛氏家族确实显赫一时，不但人丁兴盛繁衍，而且大富大贵，并连续维持长达九代之久。到了第十代，由于历史数据湮没，难找记录，后世所知不多。

始于教育的近代企业家族

进入近现代社会后，欧洲人踏浪东来，在船坚炮利的挑战下，令重文轻武、忽略科技发展的清朝连吃败仗，丧权辱国。到晚清时，科举制度更被全面废止，改变了沿用千年的社会流动轨迹。虽然如此，中国文化强调教育，重文轻武传统，并未因此消减。尤其值得指出的是中外的接触交往与碰撞，令中国的政治、经济、商业、社会与文化等发生了巨大转变，社会流动途径与财富观念有了重大调整。

最直接的说法是，洋人东来与开放沿岸海港、对外通商等，令欧洲的重商主义思想在中华大地传播开去。科举之途不通，促使那股追求社会阶层往上流动的力量，转向先秦时代已流行一时的操赢计奇之业。所以营商变成华南沿岸一带逐渐兴盛起来的"潮流"或重要"出路"，"企业家族"——即全家创业营商以积累财富为最大目标——也如雨后春笋般发展或"流行"起来。由于中国文化本身不抗拒财富，而"天下熙熙皆为利来，天下攘攘皆为利往"乃人之常情，所以更令营商创富以改善家族生活条件的举动，成为普罗民众的努力方向。

另一方面，华南沿岸的无数村民又因早习西风，尤其在农村经济濒于破产的压力下，被逼离乡别井、漂洋出海，先后远赴新旧金山、南洋和中南美洲等地谋生。由于旅居地的从政之途不通，他们初期只能靠出卖劳力为生，然后在积累一定资本、经验和营商网络后，自立门户，以营商创富为业，因而亦逐步出现不少"企业家族"。

异乡为客，在海外谋生的华人虽然受到当地政治、经济、社会及文化等条件的制约与熏陶，但由于中国文化基因已深入血脉骨髓，无论是追求百子千孙或是重视子孙教育，均仍挥之不去，所以在条件许可下，他们不但会鼓励多生孩子，更会让子孙多受教育。当然，由于时代不同，所谓教育，已不再是帝制时期的只读圣贤书以求中举，而是在西方大行其道，具现代化内涵，且重视科学、理性和应用的西式教育。

海外华人在 19 世纪、20 世纪对西式教育趋之若鹜，在条件允许下会尽量让子孙后代接受教育。马来西亚华裔学者王爱华在研究20世纪海外华人的发展轨迹后，得出如下观察：香港及东南亚华人家族的财富积累策略往往从获取西方教育开始。可见在西方社会大行其道的现代教育，在华人社会亦很受欢迎，无论个人或家族均认为最能提升人力资本的重要内涵，尤其认为有助促进社会阶层往上流动。

还有研究指出，任何一个社会中，现代教育水平的提升，皆有助于中产阶层的兴起，"亚洲四小龙"（即韩国、中国台湾、中国香港和新加坡）就是很好的例子。现代教育不但大大改变了个体的成长和事业，也左右了无数家族和社会的前进轨迹。至于重视教育，强调以教育提升人口资本和素质的华人文化，不但没有消减后退，更是一如既往受到重视，不少家族仍甘之如饴地创造条件，投入大量资源于子孙教育中，提升子孙后代的人口素质与人力资本，因而令华人文化圈的经济体及海外华人，取得相对突出的表现。

利希慎家族发迹与人力资本突破

利希慎家族是香港早年四大家族之一，至今已富过数代。利氏家族正因为通过教育，提升了家族的人力资本，帮助家族转危为机，不断发展，走上了更高的台阶。但同时也因人力资源转弱，被后起之秀超越，时至今日已变得低调，投资亦偏向保守。利希慎家族案例正好反映出人力资本的多寡强弱如何决定家族的盛衰繁衍。

鸦片与铜锣湾可说是利希慎家族的两大历史标志，前者与英国殖民地管治香港时推行鸦片合法化政策，利希慎曾取得港英政府专利权经营鸦片贸易有关；后者则与利希慎在发财致富后，立即将大部分财产转移到地产业，购入当时仍人迹罕至、未有太多发展的铜锣湾山头，成为家族日后的根据地有关。

要讲述利希慎家族的故事，自然要从利希慎的父亲利良奕和叔父利文奕这一代的创业说起。19世纪之初，欧洲人为扭转贸易顺差而向华输出鸦片。当鸦片贸易遭到满清政府禁止时，便借故发动侵略战争，结果自然是军力落后的清朝大败，被逼割地赔款。在西风东渐与农村经济濒于破产的情况下，沿海地区乡民只好一浪接一浪的漂洋出海，到外谋生、淘金。

居于广东新会的利良奕、利文奕兄弟，一如大多数学历不高的乡民，靠劳力谋生，19世纪六七十年代被美国东岸"淘金"浪潮所吸引，远赴美国旧金山寻找机遇，然后在积累一定资本后做起了小生意。19世纪80年代由于美国排华，兄弟俩选择返乡。但回到新会后又觉得农村不利商业，发展有限，因而转道香港，在港岛中上环华人聚集的地方，开办一家名叫"礼昌隆"的贸易公司，做起南北百货生意。

1884年，利希慎在香港出生，长大后被父亲送到殖民地政府为培养本地人才，以应付华洋贸易交往需求日增而设立的皇仁书院念书。他不但学到了现代知识，了解世界形势，同时也习得了中英

表 6-1　利希慎家族成员学历摘录（只列出男性成员）

姓名	就读学院	主要选修学科
第一代		
利良奕	不详，但相信只有小学程度	
利文奕	不详，但相信只有小学程度	
第二代		
利雁臣	不详	不详
利希慎	皇仁书院	
利树培	皇仁书院	
利树滋	不详	不详
利树燊	不详	不详
利树源	不详	不详
第三代		
利铭泽	牛津大学	土木工程学
利铭洽	香港皇仁书院	
利孝和	牛津大学	法学
利荣森	燕京大学	文学
利荣达	美国波士顿大学	不详
利荣杰	不详	不详
利荣康	不详	不详
利国伟	圣约瑟书院（1937 年辍学）	
利锦桓	不详	不详
利锦光	不详	不详
利锦辉	不详	不详

续表

姓名	就读学院	主要选修学科
第四代		
利汉钊	麻省理工学院（学士） 史丹福大学（硕士）	不详
利汉桢	金文泰中学 在美国念大学	不详
利汉辉	美国肯州大学 奥立冈大学	社会学 社会学及心理学
利志翀	不详	不详
利志刚	不详	不详
利惠彬	不详	不详
利定昌	英国曼彻斯特大学	建筑工程学
利乾	美国史丹福大学	不详
利宗文	不详	不详
利子谦	不详	不详
利子厚	波士顿大学	工商管理
利子俭	不详	不详
利永立	不详	不详
利永志	英国留学	经济学
第五代		
利敦礼	不详	不详
利敦仁	没有提及，应该是在加拿大升学	新闻和心理学
利承武	英国萨里大学	机械工程、法律及政治学
利德仁	不详	不详
利明德	不详	不详

双语。这些重要的知识与能力，成为他日后沟通华洋、开拓事业的
极为重要的人力资本，为家族发展带来重大突破，不但将家族的发
展推上新的高度，更改写了家族在香港的历史。而子孙后代虽享其
福荫，同时也承担了他在商业经营中留下的责任。至于利希慎的兄
弟及子侄们，不少也成为皇仁书院的学生（表6–1）。

利希慎自皇仁书院毕业后，掌握中英双语的他在商场上闯荡时
就有了更大优势，因为在当时的香港，要进行重大贸易交往必须与
殖民地政府打交道，以英语沟通势所难免。但当时大多数华人的教
育水平有限，文盲不少，中文都不太灵光，更遑论以英文沟通了。
因此，像利希慎这种双语俱佳，且有现代视野及学识的人才变得炙
手可热，一毕业即得到不少人赏识垂青。

利希慎走进社会大门便有很多商界人士向他伸出橄榄枝，希望
纳之于门下，但他一心想有一番作为，所以对纯粹"打工"不感兴
趣，也放弃了加入家业助父亲打理礼昌隆，避免与一众兄弟及堂兄
弟争工作。他选择与一批具有实力的华商成立合资公司，20世纪
初组成一家专营鸦片贸易的公司"裕兴公司"，经营本小利大但却
非很多正派商人愿意为之的鸦片生意。裕兴公司成功取得港英政府
的专利牌照，利氏也踏入了操奇计赢的"偏门"生意，此举不但左
右了利希慎一脉日后的前进轨迹，也决定了他的命运与盛衰，影响
可谓至为深远。

虽然裕兴早期的生意颇为顺利，为众多股东带来盈利，但后来
清政府被推翻，中华民国成立，随即宣布禁售鸦片，生意受到影

响。不同股东对市场前景的看法出现分歧。利希慎看好后市，决定人弃我取，趁鸦片价格大跌之时以另一公司的名义入货，此举虽令他获利丰厚，但却留下被其他股东质疑的口实，随后更演变成与股东间的纷争，甚至在 1914 年闹上法庭。

虽然官司纠纷（前后长达 4 年，即 1914 年至 1918 年）令利希慎花费了不少精力与财力，但最后的胜诉却又令他有了继续发展的资本。当时港府已逐步收紧鸦片贸易，但澳门政府则延续鸦片专利政策，驱使利希慎将发展目标投向澳门，并在澳门这个与香港一衣带水的小城市展开鸦片生意。利希慎经营中的一项重大举动，是将生意中的大量利润，投放到物业地产之上。1923 年他从渣甸洋行（后来的怡和洋行）手中购入铜锣湾一个山头的大片土地，日后成为家族长盛不衰的最重要依托。

鸦片专利生意的盈利丰厚，自然吸引黑白两道三山五岳人物垂涎，所以一直是非相随，争拗不断。利希慎不久后（1927 年至 1928 年）又卷入另一场同样轰动社会的官司，而这次的诉讼一方是澳门政府的官员，连澳门总督和夫人亦牵涉其中。对于这场官司，利希慎同样表现得无所畏惧，据理力争，像上次一样虽然面对巨大压力，但最终于 1928 年 4 月的裁决中获胜，写下香港历史上两次卷入重大官司，但两次均大获全胜的纪录。

可是在赢得官司不久后的 1928 年 4 月 30 日中午，利希慎在人流如鲫的中环闹市一家茶室门前遭刺杀而死。至于由此引起社会关注谈论纷纷的话题，则有几点：

一、凶手为何能在行凶后全身而退，日后也一直没被
捉拿？

二、背后的指使者到底是谁？因何种深仇大恨要置利希
慎于死地？

三、家大业大，拥有一妻三妾七子七女的利希慎一家，会
否因为他的突然去世，出现争家产、内部争斗，甚至家族从此
四分五裂？

四、早前购入的大批物业地皮，由于不少曾在银行做了按
揭，会否因此被收紧信贷而令企业陷入困境？

元配当家应对危机积累人力资本

由于前两点并非本文关注的重点，在此略过不表，后两点则揭
示了家族应对危机之道与人力资本的力量，所以必须做进一步的分
析。令人出乎意料的是，利希慎被杀后，过去一直没有过问家族生
意，生活极为低调的元配夫人黄兰芳，自成为家族中的女家长后，
却表现了出人意料的坚毅和果断，既能抑压诸妾与子女们的潜在争
拗与离心，又争取到主要借贷者渣甸洋行大班和汇丰银行的信任与
支持，成功化解家族潜在的巨大危机。利希慎家族能转危归安的核
心，明显与人力资本有关。

首先，据家族中人指出，黄兰芳是来自同属新会商人家族的大

家闺秀，所以并非一般士人家族般执着于"无才便是德"，而是年幼时已接受家庭教育，拥有一定学识，知书识礼。在香港这个商业社会中生活，让她掌握了世界形势与商业信息，对物业与股票等投资也常有接触，所以在危机面前不至于空白一片，全无认知。

更加不容忽略的，当然是那些年纪已长的子女们（虽然不少仍属非劳动人口），能够成为她的重要依托。数据显示，家族财富日见丰厚的利希慎，除了妻妾子女成群，更十分重视子女的教育。除了自少便为子女们寻找著名学校，让他们接受良好教育，还请了家庭教师，传授不同知识。其中又以教授国学，重视中文基础与传统价值等值得重视，例如利希慎曾送子女到康有为弟子陈子褒在澳门所办的学校中学习，可见他对传统文化和国学的重视。

当子女年纪更大时，利希慎将他们送到国内外名校学习，其中最为突出的，是在 20 世纪 20 年代初将利铭泽、利孝和、利舜华、利舜英两子两女送到英国，两子分别进入牛津大学的工程学院和法律学院，两女则在英国念高中，预备升读大学。另一儿子利荣森被送到燕京大学，入读文学院。同样年纪较长的儿子利铭洽，则留在香港，相信是进入了皇仁书院（利希慎曾任皇仁书院旧生会会长，利铭泽亦曾在该校就读，后留学英国）。其他子女如利荣杰、利荣康、利荣达、利舜贤、利舜琴、利舜豪、利舜仪和利舜娥（利希慎被刺三个月后才出生）等，则因当时年纪尚幼而留港完成小学及初中教育。

　　扼要地说，利希慎被杀时，虽有部分子女尚未成才，但长子利铭泽已在牛津大学毕业，刚成家立室，计划升读研究生院；次子利孝和是法律学院二年级学生，成绩优异；三子利铭洽中学毕业后已加入家族企业，协助父亲打理业务；四子利荣森则刚进入燕京大学。因此，当危机发生时，年龄较长的儿子即被召回黄兰芳身边，协助她应对难关。

　　可以想象的是，由于各子女曾在北京和伦敦的大都会生活，具国际视野，又是名校学生，富有现代学识，具有高质量的人力资本，因而能给黄兰芳很好的支持和建议。其中又以利铭泽和利孝和两位年纪较长的儿子，陪同黄兰芳会晤汇丰银行和渣甸洋行大班，争取两者支持最具决定性意义，也凸显了新一代家族人力资本所发挥的重大作用。如果这二子并非英国著名大学的学生，精通中英双语，有开阔视野，他们未必可以给予黄兰芳最好的帮助和支持。

　　在成功争取到汇丰银行和渣甸洋行的支持后，利氏家族显然定出以不变应万变、只守不攻的策略，让家族休养生息、渡过危机。家族接下来通过物业收租来支付借贷和家族生活开支，同时又让子女们继续学业。当时，日本侵占东北，战争危机促使不少大陆资金与移民涌入香港，令弹丸之地的香港在楼市与股市上可以一直保持活力。虽然美国经济出现大萧条，以西方主导的世界经济疲不能兴，但香港房地产市场却基本上保持稳定增长，利氏家族依靠物业收租维持生活，应对信贷还款，从而可以"捱"过了这段危机四伏、风险极高的时期。

　　必须指出的是，那段休养生息的时期，家族虽如履薄冰，但一众较年幼的子女们得以如期完成学业，提升了家族的人力资本；年纪较长的子女，则乘时积累经验和资历。其中又以利铭泽和利孝和两兄弟完成训练与实习，获得工程与法律专业资格最为重要，成为家族长远发展的重要资本与优势。

　　更加值得注意的，当然是黄兰芳在处理危机与执行休养生息策略时的领导角色。她身为女子，在那个年代不被视作家族的人力资本，但她却能在临危授命中发挥了"定海神针"的作用，一方面遏止了妾庶间的明争暗斗，利用危机意识凝聚一家，化解家族内部离心；另一方面则能抵御外界的虎视眈眈——尤其是利希慎生前结下的仇家与对手，可见她的精明与领导能力。可惜，由于重男轻女的缘故，有关女性人力资本的问题，学术界过去的探讨不多，社会更是较少关注，令女性的人力资本如何为家族、企业和社会发展带来贡献的问题，乏人认识了解。但是，从黄兰芳的例子中，我们不难清晰地看到，女性领导角色和力量，实在不容小觑，值得日后深入研究。

　　回到利氏家族在 20 世纪 30 年代的经历问题上。利氏家族成功化解了迫在眉睫的家族危机。完成财产重新配置不久，1937 年 7 月 7 日，日军侵华，由于家族采取持盈保泰策略，不做开拓之故，早已转到广州市政府工作的利铭泽，自然亦投身救国抗日浪潮，凭其土木工程的专业修筑公路、兴建水利。到了 1941 年底，当香港亦陷入日军铁蹄之后，家族所受的冲击，自然更为巨大，家族成员

被迫各散东西，部分成员甚至曾与死神擦身而过，令家族陷于自
利希慎被杀后另一场前所未见的巨大危机，各种资本备受侵夺和
威胁。

战后扩张的人力资本发挥

利氏家族成员在抗日胜利、重现和平后迅即从四面八方返回香
港，努力重建家园。主要工作包括收回战时遭日军侵占的土地与物
业，亦有部分物业在日据时期由于没人管理，成为平民的耕地与栖
身之所，难以收回。至于已届不惑之年的利铭泽，则从已经进入暮
年的母亲黄兰芳手中，接过了领导家族及企业的大权，成为新的领
导，带领家族及企业踏上另一阶段，开拓更大的发展空间。

由于利铭泽曾在牛津大学念书，与不少英国要人关系良好——
例如他在英国留学时，曾加入当时只有白人精英与贤达才能加入的
共济会，结识不少日后叱咤一时的军政商界要人；又曾担任中国欧
洲留学生会的总会长一职，与当时的不少中国留英学生相识。而他
又持有土木工程专业资格，具有专业知识，加上曾在广州国民政府
及海南岛等地任职，抗战时期又曾协助抗日等经历，积累了极为丰
厚的人力资本。正因如此，利铭泽在港英殖民地政府进行重建经济
时，自然获得重用，出任多项政府或社会的重要公职，先后在20
世纪五六十年代获委任为香港立法局及行政局（现称立法会及行政

会）议员，在政商界炙手可热。

正如英国谚语所说："财富与权力是孪生兄弟"。家财丰厚的利氏家族，本已拥有巨大发展实力，有了强大人力资本的配合，更能游走政商左右逢源。自20世纪40年代起，利氏新一代走上前台后，即宣布了黄兰芳时代持盈保泰策略的终结，重拾利希慎时代的全面开拓和发展。其中的重点，则是因应家族成员众多而进行了明显的分工，可扼要地以"主外主内各司其职，本业别业分途并进"来概括。

具体地说，就是利铭泽主外，面向公众，担任众多服务社会、参与政治的工作，虽然在家族企业出任主席之职，但一切实务均由主内的利荣森担任，并由利铭洽作支持。利孝和则选择另辟蹊径，与朋友创立香港电视广播有限公司，带领该公司写下香港大众电视与潮流文化新一章。至于胞弟利荣达则协助利孝和处理电视台的广告业务——尤其家族旗下的香港汽水厂。而利荣康及利荣杰两兄弟，则选择了自己的专业之路，生活低调。

由于利铭泽昆仲都在中、英、美等名牌大学取得骄人学历，他们在企业管理、业务发展，乃至如何与竞争对手及政府等往来交手上，游刃有余，而他们的才能与识见，比当时的社会精英有过之而无不及。正因如此，20世纪50年代至80年代，利氏家族迎来了极为辉煌的迅速增长时期，其中尤以如下多项重大投资最为轰动，不但奠定利氏家族在香港政商界的重要地位，也为香港的建设作出了巨大贡献。

　　首先，是家族地产投资方面。由于利希慎早年已购下利园山，家族便决定以此为基础进军地产业，在 20 世纪 60 年代大兴土木，将利园山铲平，兴建多栋地标建筑，例如兴利中心、利园酒店等，奠定了家族作为铜锣湾"大地主"的地位。而山岭中挖出来的泥沙土石亦是点滴有价，与太古集团达成协议，将泥土沙石运到北角的太古船坞位置，用作填海造地的材料，双方协议填海所得的土地共享。此举既有利园山的发展，亦可得到北角填海的新地皮，而更为重要的则是，与英资龙头洋行之一的太古集团建立了极为紧密的伙伴关系，丰富了家族的关系网络资本。因此利氏发展家族利园山的计划，成了一举数得、极为精彩的商业案例。

　　其次，作为国际金融中心，香港的通信网络可谓四通八达，利铭泽带领家族投资其中，为香港的通信网络建设作出巨大贡献。利铭泽于 1962 年加入香港电话公司（日后被电讯盈科并购）董事会，参与公司管理，那时全港只有 10 万台左右电话。三年后他被任命为主席，开始大刀阔斧地推动公司发展：由他加入至 1975 年退任之间，全港安装有 100 万台电话，即 13 年间增长近 90 万台（增长达 9 倍，平均年增长率约达 75%）。增长步伐之急速，当年在世界上甚少有地方能够追赶得上，利铭泽对香港通信建设做出了巨大贡献。

　　利铭泽曾向《大公报》前社长费彝民说过这样一段话："香港市民迟早有一日会明白，（我）对改善香港电话系统所做的一切。"这也可作为利铭泽及其家族在通信网络投资作出重大贡献的脚注。

利氏家族亦参与兴建海底隧道，为香港陆路运输作出了另一项重要贡献。香港受独特地理环境所影响，陆上交通一直受制于水深海阔的维多利亚港，令九龙半岛与香港岛之间的巨大鸿沟难以逾越。早期，两地的往来以渡海小轮接驳，但随着社会的日渐进步，人流及经济活动的日趋频繁，渡海小轮已无法满足日常所需。在维多利亚港筑建跨海大桥或隧道，被提上议程。由于利铭泽当时出任"两局"议员，加上本身乃注册工程师，明白计划便民之余亦甚具投资价值，故成为其中重要推动者之一。

为了促成其事，利铭泽与英资会德丰船务（日后为船王包玉刚收购）的佐治·马登（George Marden）、和记集团（日后为李嘉诚收购）的祈德尊（John Clague）及中华电力的劳伦斯·嘉道理（Lawrence Kadoorie）等，联手组成了维多利亚城市发展有限公司，筹划兴建海底隧道。1965 年，计划获得落实，获政府批出 30 年专营权，利铭泽等成立了跨海隧道有限公司，着手兴建工程。到了 1972 年 2 月，总体工程基本完成，隧道贯通九龙半岛与香港岛，并在通过检验后通车。自此之后，隧道成为连接港岛与九龙半岛的最大通脉，全港居民均可以驱车在两地自由驰骋。

香港开埠 20 多年后的 1864 年 12 月，欧资商贾即因本地缺乏能源供应引入煤气，而充当此一重要角色的公司，则是香港中华煤气有限公司。起初，公司以煤炭为原材料生产煤气，较易产生污染。而煤气的供应区域亦十分有限，因为全港的煤气管道的总长度只有 24 公里。

1964 年，利氏家族投资香港中华煤气有限公司，利铭泽获任主席，他随即筹划进一步的发展，包括引入全新生产技术、兴建新厂房，扩大产量，令香港的煤气供应量大幅提升，供应网络向全港不同角落扩散，千家万户均受其惠，生活质量得以改善。而香港煤气公司不久即跃升至香港大型企业前列。利铭泽离世后，公司主席一职被李兆基家族接手。

利氏家族在利铭泽带领下东征西战，投资更加多元化，且与香港社会建设紧密相连。分途并进的利孝和，同样取得令人耀目的成就，光大家族。简单来说，采取分途并进策略的利孝和，20 世纪 60 年代中期牵头创立了香港电视广播有限公司，创香港电视广播的历史先河，既为香港本土流行文化的兴起和信息的更广泛流通奠下重要基石，亦因家族握有电视传媒的"第四权"，左右了社会的话语权，令利氏家族的社会影响力一时无两。

1981 年 8 月 28 日，利氏家族决定将家族旗舰希慎兴业上市，此举标志着家族企业进入另一新阶段，公司治理随之出现重要变化。虽然公司上市生不逢时，公司股价并未如预期中出现节节上扬的势头，反而每况愈下，但家族企业的发展轨迹毕竟有了质的变化。而随后的香港社会及经济，因中英两国就香港前途进行谈判而暗涌连连。无论如何，利氏家族及企业在香港社会的地位，已经确立了下来，不会被风浪剧变所动摇。

第三次传承与人力资本渐弱

20 世纪 80 年代后，当中国政府与英国政府开始就香港前途进行谈判，而与不少高层领导关系密切的利铭泽，本有机会可以在新的政治舞台上大展身手，但家族人力资本却在此时发生了重大变化，令家族本可更上层楼的绸缪化为泡影：利孝和、利铭泽这两位核心人物先后在 1980 年及 1983 年去世，此一重大人力资本的消逝，无疑为家族及企业带来了巨大的打击，甚至极为深远地影响到家族在政治方面的重大布局。

幸好，利铭泽堂弟利国伟——恒生银行核心领导人物，在 1965 年的银行挤提事件中表现出类拔萃，独挽困局，20 世纪 70 年代已崭露头角。而下一代的家族长孙利汉钊——利铭洽之子，20 世纪 50 年代在美国麻省理工学院接受大学教育，拥有电子工程师资格——则在利铭泽安排下，早已完成家族和企业内外的接班工作。由此两人能在利铭泽去世后成为家族的代表，担任公职，在一定程度上维持了家族在社会上的影响力。

其中，利国伟的表现更为突出，因为他同样曾担任行政会及立法会的"两会议员"，又是香港联合交易所（现称"香港交易所"）主席，更曾获英女皇颁赠爵士头衔，但却没有如利铭泽般拥有与中国政府高层领导的紧密关系。同时由于他属于旁枝，并非希慎兴业控股公司的本家嫡系，又大大影响他可以发挥的力量。至于作为利铭泽接班人的利汉钊，除了打理家族企业外，亦曾担任公职，主要是在利国伟退任香港联合交易所主席一职后继任；其次，则是担任如香港中文大学校董会主席，以及多家上市公司董事等职位，确保家族在诸领域的投资和利益。同样不容忽视的，则是利荣森和利铭洽等第三代，主职稳守大后方，负责希慎兴业的实务管理。

　　然而，一个不容否认的事实是，相对于利铭泽和利孝和，接班人无论江湖地位、领导魅力、人脉社会关系等社会资本及人力资本，均有所不及，因而令家族企业的发展渐显褪色，或者说失去昔日的光彩。最突出的例子，则是前文提及的家族核心投资以外的若干策略性投资——如煤气、电话、电视和建筑等，先后落入竞争对手手中。就算某些投资仍维持一定控股权，家族派出成员进入相关公司的董事局，但那些代表在董事局中所能发挥的影响力，也远不如利铭泽和利孝和般重大。

　　当然，由于当时的第三代仍人多势众，亦算人才济济，主干企业又已早做接班安排，成员们在相关岗位上亦颇有表现，对于希慎兴业的发展尚没有什么影响，但对于利孝和牵头创立的香港电视，则有巨大影响。扼要地说，由利孝和一手创立的香港电视广播有限公司，自利孝和去世后，其妻利陆雁群并没有如黄兰芳般走上前线代夫披甲统领企业，而其子女如利宪彬和利蕴莲等则年纪尚幼，仍在求学，所以也没接掌电视台的业务。结果，主席一职最后落入另一重要股东邵逸夫手中，电视台的发展亦由邵逸夫主导，利孝和一脉的影响力则大降，利氏家族随后逐步减少在公司的持股量，淡出电视台业务。由此可见，没有利氏家族成员的直接参与，其在电视台的控股大权迅速旁落。到了今天，家族对于电视台的影响力与其他小股东已没有太大分别。

在希慎兴业方面，利铭泽去世后，妻子利黄瑶璧同样没有走上前台，打理家族主干企业，其中的最关键因素，是两子利志翀和利志刚先后出现了问题：利志翀壮年时患上严重精神病，要长期住院接受治疗；利志刚则在壮年之时猝死。而两女利德蓉及利德蕙则一直在外国生活（利德蓉在英国、利德蕙在加拿大），没有参与家族业务。幸好，家族的主干业务有利荣森和利汉钊等统领，所以仍能保持主干业务于不衰。但是我们不难察觉，自利孝和与利铭泽于20世纪80年代初先后离世，家族的传承接班安排已可清晰地让人看到，人力资本在家业起落兴衰中的决定性作用。

更直接地说，到了第四代开始接班走上前台之时，已隐约揭示出家族人力资本渐呈弱化的严重问题，原因与第四代的人数大幅减少有关。不少第三代成员只育有一两名子女，最多一房也只有四名子女而已，与利希慎一代儿女成群（7子7女）相比，实在差别巨大。这也侧面反映了传统的多子多福、百子千孙观念或意识，不但在普罗社会逐渐褪色，甚至一去不返，就算在大富家族，基本上已完全不用为养育子女开支神伤的情况下，也不再成为其追求目标。

每房所生育子女的人数少了，当然可以让资源、时间和心力等更为专注，有助提升子女在某些层面上的素质与人力资本。但在其他层面上则有其不足之处，尤其是在与人相处、如何调解与不同人（包括家族成员、企业员工、生意伙伴乃至社会各阶层人士）之间的矛盾，以及如何在日常生活中因为与兄弟姐妹间的竞争、妒忌和争执中学习妥协、忍让、合作与解决问题等，均成为其中一些不容低估的"短板"，这些层面的人力资本常被个人、家族和社会所忽略，因而常常成为不少家族继承接班的最弱一环。

也就是说，由于每房所生育的子女数目锐减，令第四代可以如第三代般获得极好的教育和照料，但却缺乏某些因为兄弟姐妹众多，可以培养相处、协调、团队精神，乃至考虑不同持股者或成员利益的能力，因而可说是令家族的人力资本变得较为单薄了，同时也削弱了风险承担能力，不利于长远发展。另外，家族成员人数虽然仍多，但按各个分支人数计算则较少的第四代，虽可能减少因人数众多而引起的争夺等问题，且第四代又能因为第三代的"人口红利"分享到家族的持续发展，但却显露了第五代难以为继的问题。

此外，利氏家族第四代成员大多数自小即被送到西方社会生活及接受教育，他们的行为举止、处世作风以及思想和价值观念等均较接近西方，与中国文化的距离更为遥远。不少第四代家族成员不但不懂粤语，更难以读写中文，这与第三代自小在华人社会下生活，接受儒家文化熏陶，长大后才到海外留学，能够分清中西文化各自的优劣，不会完全被西方文化淹没的情况截然不同。

还有一点，第四代所生活和接受教育的"西方社会"，亦从第三代时基本上只集中于英国，扩张至美国、加拿大、澳大利亚、瑞士等国，令同是一个家族的成员，有了差异巨大的成长环境，因而产生了生活习惯与价值观念等众多方面的差别。可见第三代和第四代这两代人从小到大的生活和教育进程颇为不同，第三代往往有较多共同生活体验，又充分掌握中英双语，所以能够游走于华洋东西之间；第四代则鲜能如此，且家族成员间因较少生活在一起而渐生隔阂，亲情淡薄。如此种种，虽可带来某些好处，但却反映出人力资本又有多重不足或缺失之处，尤其较难令家族内部在某些重大问题上达成共识，不利于家族团结，更遑论可如祖父辈般同心一德地为家族的长远福祉共谋发展。

具体地说，第四代对英文的掌握和应用已与西方人无异，但却欠缺了中国文化的涵养，成为他们的另一"短板"。本来，在西方文化主导的社会，不懂中文或不理解中国文化实在没有什么问题，但自 90 年代中国续渐崛起，在国际舞台影响力日强，加上 1997 年香港回归祖国，利氏家族在中国香港、中国内地，乃至世界各地的投资及业务，发生了前所未有的变化。没有中国文化的涵养，不懂中国文化，甚至没有像祖父辈与中国政商要津之间的人脉资本充沛的实力，必然会令家族的影响力大降，既不利长远投资，亦削弱其竞争力。

家族人力资本在第四代发生的重大变化，当遇到个别家族成员正值壮年但却不幸猝死时，打击最为巨大，而偏偏这个家族又常碰到这样的问题。举例说，利希慎正值壮年遭人杀害，是家族人力资本的首次凋敝。到了利铭泽一代，他的两个儿子，一位于壮年时患上精神病，需长期留在医院治疗，另一个儿子亦于壮年时猝死，同样大大地打击了家族的人力资本；利国伟长子利永立在20世纪80年代打网球时猝死、利荣达儿子利子俭在青壮年时突然染病去世二事，均令家族人力资本遭到削弱，给家族发展带来一定打击。最为轰动的，同时也是牵动接班安排的，则非利荣达儿子利定昌2009年突然去世（享年55岁）一事莫属，此事同样令家族人力资本骤减。由于利定昌被视为继利汉钊之后最能带领家族企业迈入另一发展阶段的人，而在他之前，伯父利荣森和父亲刚去世，刚确立了他全面接掌家族企业的领导核心地位，所以他的突然去世，不但给家族带来很大伤痛，也大大地影响了家族及企业的发展进程。

需要补充说明的是，利汉钊在进入21世纪后退任家族企业领导之职，其岗位初期由堂弟——利荣达之子利子厚接任，但利子厚的任期不长，便因与其他家族成员发生分歧，自身另有事业发展计划而离去，改由另一堂弟利定昌接替。利定昌上任后，一度表现出雄心壮志，但却壮年猝死。利定昌去世后，初期由钟逸杰（David Akers-Jones，曾在殖民地时期的港英政府担任政务司长之职）出任临时主席，利铭泽长女利德蓉亦曾兼任临时主席一段时期，最后才于2011年由利孝和长女利蕴莲接任，再现家族女将披甲上阵的风采，直至现在。

无论是从利德蓉担任董事局成员多年，甚至曾暂代临时主席的身影中，还是从利蕴莲挂帅，如其祖母黄兰芳般走上统领家族企业前台的举动中，我们其实不难察觉家族人力资本日趋单薄所呈现的问题。毫无疑问，在如今社会，男女地位已今非昔比，更为平等，而且无论是利德蓉或是利蕴莲，均有突出学历与才干，她们无论担任公司董事或是主席，均绰绰有余。但我们始终需要明白，在华人社会，尤其是在大家族中，除非如包玉刚般只有女性后代，由女儿（女性继承者）担任统帅，女性作为继承者在中国社会始终并非常态。古代社会的木兰从军或杨门女将，其实正反映了没有适合的男性继承者可供挑选，这正是利氏家族人力资本呈现弱化的重要指标。

概括地说，尽管第四代的教育仍能维持很高水平，但各分支子女数目锐减，罕见参与本地社会的公开活动，这些情况无疑影响了人力资本的质量或存量。当遇部分成员健康欠佳或突然离世，又或部分成员另有人生追求，宁可游山玩水或从事文化艺术等工作，不愿意加入家族企业，甚至是与家族成员关系不和，加入家族企业管理团队只会带来矛盾等，令家族人力资本不足的问题，变得更为严峻尖锐，不但影响接班，亦左右企业发展，可见人力资本确实是家族繁衍盛衰的最关键一环。

第四代面对全球化时代的挑战

所谓长江后浪推前浪，利希慎家族第三代先后退下火线，走完人生道路，第四代则陆续登上家族舞台，同时第五代（例如利敦仁、利敦礼、利承武等）亦在不同层面上开始接触家族企业的实质管理，这引起了社会的关注。与其祖、父辈一样，利氏后人都接受了极为良好的西方教育，对西方文化或西方核心价值观知之甚详、趋之若鹜。但到他们进入实务性接班工作之时，又不得不针对当前国际、中国内地及中国香港本地社会的现实情况做出恰当的调整。

简单地说，自进入 21 世纪，经历了美国"9·11"袭击和金融风暴、欧债危机、日本经济长期衰退，乃至日见炽烈的恐怖主义蔓延、难民危机等因素以及最近的英国脱离欧盟及其所引发的欧盟经济持续下滑、欧盟组织濒临崩溃等一浪接一浪的冲击，令过去 200年主导全球的欧、美、日经济，呈现江河日下之势，而过去接近200 年间长期遭到外敌侵扰、积贫积弱的中国，却走出昔日困局，迎来了真正的崛起，不但成为推动世界经济前进的火车头，在国际舞台上的话语权和影响力也与日俱增。

对于这种前所未见的国际形势转变，利氏家族必然会深刻地认识到，其家族的人力资本及人脉网络等，如果全面倒向西方，必会不利于家族的长远发展，所以近年来利氏家族似乎已出现了多项重大策略调整。其一是教育上注意第五、第六代的中文教育及中国文化熏陶，重拾第二、第三代精通中英双语，中西文化兼收并蓄；其二是人脉关系上不再只是结交西方政商要人，也开始像第二、第三代一样在中华大地撒播人脉的种子，广结善缘；其三是价值观念上不再只是强调西方的个人主义，而是加入中国文化所强调的忠孝礼义等个人品格的修养。当然，这种策略调整的效果，很难在一时显示出来，还有待时间来验证。至于更为重要的人力资本存量问题，相信也会成为他们的核心考虑所在，但这方面的数据极为缺乏，我们只能略过不表。

为了说明进入全球化时代与中国崛起对家族企业发展的新挑战，我们可以用希慎兴业自上市以来的发展轨迹、投资状况和企业综合表现等，作扼要的讨论和分析。首先，自1981年上市以来的发展方面，公司上市之时，虽旋即遇上市场逆转，但之后也迈出了稳健发展步伐。当然，其间难免出现波折，会有多番起落，但总能在辗转中取得突破并进而壮大，其发展过程更可谓见证了香港经历的急剧变化。从核心商业营运指标（营业额、净收益及资产总值）上看，尤其可以看到其逐步上扬的走势，进入21世纪以来的发展尤其迅速（见表6–2、表6–3）。

表6–2　1982—2015年希慎兴业营业额与净收益变化

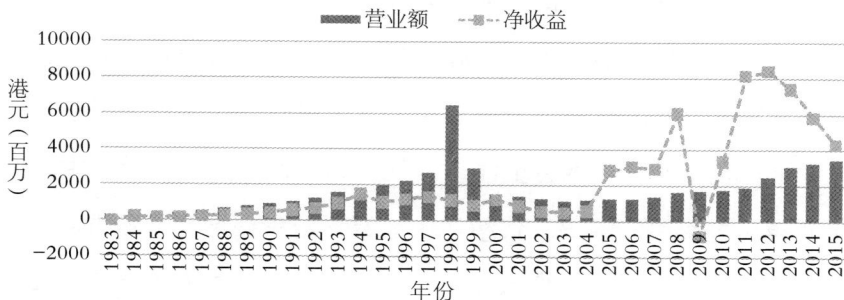

数据源：Thomson Reuters Eikon, 2016

当然，每逢香港遇上重大政治与金融动荡时——例如 1987 年停市股灾、1997 年"亚洲金融风暴"、2003 年"非典"、2008 年美国"金融海啸"等，公司的表现虽然受到冲击，但总能在暴风雨过后，迎来更大更好的发展（见表 6–2、表 6–3）。也就是说，自上市 45 年以来，作为利氏家族的旗舰企业，希慎兴业无疑已经取得了骄人成绩。

表 6–3　1982—2015 年希慎兴业资产总值变化

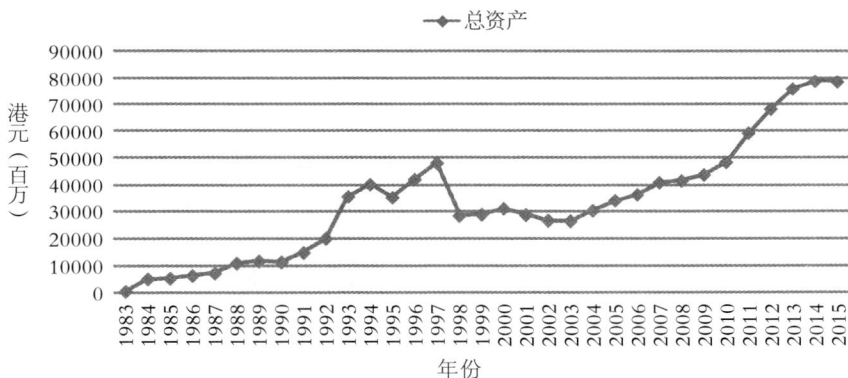

数据源：Thomson Reuters Eikon, 2016

但是，如果我们将目光集中于希慎兴业的投资组合上，则不难看到，作为港岛铜锣湾大地主的利氏家族，明显存在业务过于单一、投资高度集中的重大问题。扼要地说，在 2015 年，希慎兴业的主要业务分为商铺、办公室和住宅，营业额占比依次为 56%、36% 和 8%。其中商铺和办公室，则主要集中于三个物业系列：希慎广场、利舞台和利园（见表 6–4）。也就是说，希慎兴业的业务过于依赖商铺与办公室，而且投资高度集中于铜锣湾，尽管这些物

表6-4　利氏家族旗舰希慎兴业主要投资组合

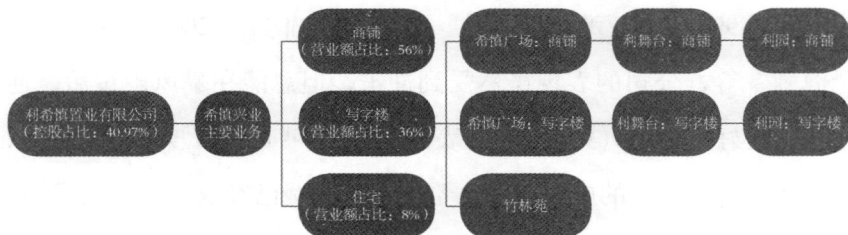

数据源：《希慎兴业：2015 年年报》，2015

业属于黄金地段，但毕竟还是暴露了业务与投资欠多元化的老问题，值得管理层深入思考。

现代社会的前进步伐无疑是高速的，发展过程更是竞争激烈，家族的应对偶有不慎，就容易产生很大后遗症，不仅影响其前进轨迹，甚至会动摇先辈奠下的基石。一个清晰的现象是，经过数代人的汗水灌溉与努力，以家族旗舰希慎兴业的表现为例，其自上市以来的业绩十分突出，但不可不防的事实是，家族现时的人力资本无论存量或质量均已渐显弱化，不但有青黄不接的问题，不少成员更有"温室花朵"和"不接地气"的问题，相信这些会给家业繁衍与传承带来不容低估的挑战，不可不防。

人力资本质量的先天后天因素

人力资本质量优劣，除了先天条件，还有后天因素。先天条件是指先天的体魄与智力等，这是无法改变的；后天因素则可从以下三个重要层面改善：教育投入以提升知识水平；危机考验以提升领导或社会地位；政治、经济和社会参与以提升人脉关系。即是说，通过以上三方面的后天努力，我们相信人力资本质量可以有所提高。

首先，在教育方面。无论是利氏家族还是其他家族，他们对于子女的教育和培训，是十分重视的，而子女们亦拥有显赫的教育经历——名校毕业、炙手可热的学科、硕士博士学位等。但在有意无意间却会跌进"知识万能论"的泥沼中，导致挂一漏万，欠缺全面性。举例说，教育时太重视知识灌输，未强调品格及德育，容易产生娇生惯养、心高气傲和难以与人相处的问题；而生活条件极为优裕，欠缺平民百姓的历练与人生体验，容易产生所谓"不接地气"的问题。这样的成长及教育的结果，虽会令子女拥有名牌大学突出学历等令人耀目的"名片"，但却会产生不能体察员工下属的问题，会给其日后担任家族企业领导时带来各种预料之外的困难与挑战。

其次，在危机考验方面。俗语有云"宝剑锋从磨砺出，梅花香自苦寒来"，尽管大家知道逆境、困难或危机可以磨砺气志、考验才干，但我们却不难发现，富到两三代之后，在极优裕的环境中，无论是家长或是子孙，总是欠缺了由奢入俭，或是放下身段，由基层做起，以及一力承担责任以应对困难和挑战的勇气与斗志，令他们无法在这些课本以外的人生历练中，培养或是孕育出领袖魅力和社会地位。反过来说，如果不经困难、逆境与危机的历练，一直在温室中成长，只是因其家族成员身份被委任上层管理之职，则总会给人一种"硬扶起来的通常只是阿斗"的形象，这导致他们在接管家族企业后，无法如其先辈般可以独当一面、号令各方，难以得到下属真心诚意的支持。

英国科学家最近一项医学研究发现，有些孩子常患过敏症，要常看医生。深入研究后发现两个原因：一个原因是有些孩子平时接触细菌太少，另一个原因是因为有些孩子常吃抗生素。前者是因为家长常用消毒用品，让孩子与细菌较少接触；后者则是身体依赖抗生素杀菌，但同时又杀死体内的无害细菌。研究人员进而指出，细菌对于训练人体自身的免疫系统其实"功不可没"，但家长往往未能注意此点。英国家长的这种行为，正好折射出一个我们熟悉并且亘古不变的道理：对孩子过于溺爱和保护，并不利于孩子磨炼意志、应对逆境，相信这亦是富豪后代总让人觉得不如其先辈的原因所在。

第三是政治、经济及社会参与方面。利氏家族第二、三代除了拥有相对于同代人较为突出的学历，还主动或受邀参与了中国香港或内地的政治、经济及社会事务。这些事务不外乎政治方面的"立法会"或"行政会"，经济方面的各种政府重大产业政策委员会、工商业同业联会，或是社会方面的东华三院、保良局、乐善堂和街坊福利会等，他们在这些活动中不仅树立了名声，而且建立了各种以个人为核心的人脉关系网络。第四、五代一般则较注重个人生活品位与兴趣，不愿主动服务社会——尽管家族在公益事业上捐献不少，但第四、五代因在政治、经济及社会方面的参与不多，难以如其祖及父辈般在社会建立起盘根错节的人脉关系。

中西社会的不同研究已证明，对于下一代的人力资源投资，无论是对他们自身的成长，或是日后对家族的发展，所产生的裨益、发挥的作用，虽然不易被量化和计算，但却是潜力巨大的。另一方面，社会亦有"十年树木，百年树人"之说，足见对于人力资本的培养，不但需要付出巨大的心血精力，亦十分费时。无论是利氏家族，还是其他家族，对于提升子孙人力资本所做出的努力，实在不少，但质量上近年则出现偏颇与不足，因而极有可能会影响日后的盛衰繁衍，值得关注。

人力资本存量锐减的困境

当然，要论决定家族盛衰繁衍的因素，就不得不提及人力资本数量（存量）的问题，而利氏家族案例，同样可以作出很好的说明。在古代社会，百子千孙、多子多福的价值或理想，一直被视为家族繁衍的重中之重。但到了现代社会，尤其是在大城市，例如中国香港、中国台湾和中国澳门以及新加坡等，"不婚不育"或是"晚婚小育"已经成为一种潮流，尤其受到高收入、高学历人群的追捧，于是这些地方的出生率大降，甚至出现出生率大幅低于人口可更替水平的现象，利氏家族与不少富豪家族自然亦受这股潮流所影响，出现了年轻一代不愿多生育的问题。

相对于普通家族，家大业大的世家大族虽可因年轻一代不愿生育，令家族结构变得没以前那样复杂，减少内部矛盾，但却会因为人力资本存量锐减影响了繁衍与传承的思考和布局，其中又以如下三点最为突出，值得细嚼：

一、子孙后代人数太少，可供选择承接领导大位的自然不多，有些只有一或两人而已，因而会影响家族的延续大局；

二、子孙对家族企业缺乏兴趣，不愿接班，但家族中可供选择的人不多，因而难免会左右企业的发展；

三、子孙发生意外或患上重病，但却没有其他选择，令传承遇到困境。

从利氏家族案例中，我们不难看到，由于其第三、四代的子孙数目不少，人力资本存量甚丰，所以即使个别家族成员对于接掌家族企业没有兴趣而走上个人专业之路，或是个别成员患上重病，或是个别成员正值壮年之时猝死，都始终没有动摇家族稳定的基石，给企业的发展造成障碍。但在日后的发展中，由于第五、六代的人力资本存量锐减，可供选择的成员不多，潜存的乏人接班风险则必然增加，因而必然会影响家业的盛衰与繁衍。

如果我们回顾一些家族因为人力资本存量不足、无以为继，令其走上衰落之路的案例，更可极为深刻地体会到传统社会强调百子千孙的道理，因为这是最能确保家族繁衍、血脉延续的方法。举例说，因为万金油及星系报纸名扬东南亚及中国华南一带的胡文虎家族，本计划将领导大权传给胡文虎之子胡好，但他正值壮年之时飞机失事身亡，因而只好传给养女胡仙，胡仙仓促接班后虽曾令企业一度中兴，但她选择不婚不嫁，没有血脉传承，而企业后来则因投资失误败亡，令胡文虎打下的江山化为乌有。

同样一度名扬东南亚与华南一带的巨贾陆佑，他在马来西亚靠采矿起家，赚得巨富，后来企业传给儿子陆运涛，陆运涛除了经营父亲留下的生意，还进军在五六十年代方兴未艾的电影业，大有推动家族企业进入另一台阶之势。可惜，正值壮年而事业又如旭日初升之时，陆运涛同样因为飞机失事去世，令家族遭受巨大打击，因为除陆运涛之外，家族人力资本薄弱，而其他成员不是缺乏生意经营的能力，便是没有兴趣，有些则年纪太幼，因而令偌大的陆佑家族自此淡出了商业舞台。

更为备受关注的例子，非王德辉、龚如心夫妇莫属。尽管夫妇家财万贯，但没有血脉，即本系或自己一房人力资本等于零，令夫妻俩在遭遇变故时——例如王德辉遭到绑架、生死不明，乃至龚如心日后因病去世时，失去了毋庸置疑的血脉继承者，因而破坏了延续链条，影响了传承过程，并牵扯出一浪接一浪的争产官司，令人叹息。

这意味着，家族人力资本存量的多寡可以左右家族和企业的盛衰延续。如果存量太小太弱，加上个别子孙突然意外去世，或是患上重病难以正常工作等变故，则必然会令家族无以为继、企业没落。由此引发一个值得注意的重大问题是：当前中国内地不少家族企业，由于受到"计划生育政策"的影响，人力资本存量太过单薄，接班人往往只有一人，别无他选，这样必然会给家族企业的盛衰与繁衍带来巨大风险，令传承各方都感受到极为巨大的压力。家庭是社会的最基本单元，而家族企业在经济中占有举足轻重的地位，如何针对家族人力资本存量过于单薄的问题，做好交棒接班准备，令中国的民营家族企业可以健康且充满活力地发展下去，成为家族面前一道不易处理的难题，实不容掉以轻心。

本章结语

自古至今，为了确保家族和企业的盛衰与延续，大小家族对于人力资本的质量与数量，无疑都极为重视。由于教育被视为有助提升人力资本质量的极重要因素，无数家长自然为之花尽心思、绞尽脑汁，作出不少努力，用现代语言来说则是对人力资本的投资，日后会带来更为巨大的长远回报，所以不遗余力。但是，在现代社会，尤其是在教育普及且极富裕的时代变迁环境下，只重视教育，而忽略其他诸如人格、道德与情操教育，甚至缺乏生活体验与人生阅历，掉进泛知识主义泥沼，则不利于领导力、亲和力与人脉网络等多方面素质的培养，使得人力资本的质量变得单薄，纵使拥有突

出学历与专业资格，下一代也难以应对竞争激烈、各种关系日趋复
杂的社会。

　　另一方面，人力资本数量甚少成为家族传承的问题，现代社会
崇尚二人世界，不愿生育子女的潮流和观念，以及中国内地的"计
划生育政策"，令不少家族的人力资本数量锐减。这样必然会严重
影响家族和企业的延续，令家业盛衰与传承遭遇到前所未见的巨大
挑战。虽然香港没有"计划生育政策"，但在时代潮流的牵引下，
就算过去一直表现得十分传统的利氏家族，当子孙大多已在海外接
受教育，受到西方文化洗礼的情况下，家族的第四、五代亦明显变
得更为西化，同时亦掉进了强调个人主义、追求小家庭、不愿多生
育的大潮中，令家族的人力资本数量大幅下降，因而必然会影响这
个家族在日后的发展轨迹。

第七章

道德资本：家族历久兴旺的无形助力

何东家族的经营与凝聚

- 道德资本的作用常被社会忽略，但实际上重要作用不容小觑。
- 道德资本有助于个人、家族声誉和社会地位的提升。
- 何东事业成功后多次捐赠，声誉得到提升。
- 除了实质名声和勋爵得益，更能积累道德资本，庇荫子孙。
- 如果不是得益于雄厚的道德资本，何东个人及家族的多次投资失误，加上历史的巨大变迁，应早已令家族消失于历史长河中。
- 在雄厚道德资本的支撑下，虽经历社会的巨大变迁，何东家族仍能屹立不倒。

家族的软实力

在谈到美国自进入 20 世纪后迅速取代称雄全球的"日不落帝国"英国的地位，成为新的超级大国主导世界秩序，哈佛大学著名政治学者约瑟夫·奈（Joseph Nye）在《软实力：世界政治中的成功方法》一书中首次提出"软实力"的概念。他认为，肉眼能见的硬实力虽然重要，但肉眼看不见的软实力影响更为巨大，而且无远弗届、无孔不入。所谓硬实力，是指以武力作后盾，逼使他者服从的威胁力或震慑力；而所谓软实力，则是一种能令他者自然听从指挥、服膺领导或接受意见的柔性力。他甚至将后者称为"精明实力"（smart power，另译"巧实力"），说明其突出之处。要成为世界强国，或维持强国地位，虽然必须要有硬实力作为后盾，但软实力亦同样重要，必不可少。

约瑟夫·奈所说的软实力，三千年前的孙子已讲解得很清晰扼要。《孙子兵法》中"不战而屈人之兵"一条，言简意赅地告诉我们，不用一兵一卒，即能令敌人或对手俯首听命、言听计从，受到感召、为我所用。当然，更为重要的则是化解潜在矛盾，将对抗力量消灭于无形，既不会制造敌人，又可化育万民，令四方来仪，心悦诚服。我们常说家乃国的缩影，是社会最基本的组成单位，欧美更将根深叶茂、实力雄厚的世家大族形容为"王朝家族"。这说明，建立、发展乃至确保家业的代代相传，有如国之运作和维持般大同小异，所以国家如何能够强盛不衰，领导地位如何能够顺利传承等，可以作为家族借鉴，反之亦然。

因此不只强国需要软硬实力的并驾齐驱、同步发展；强大而长盛不衰的家族，同样需要软硬实力的兼收并蓄、相辅相成。当然，对于家族而言，硬实力并非指武器兵力，而是泛指子孙众多、财力雄厚等；至于软实力，除了人脉网络深厚、政治关系雄厚、社会地位超然之外，亦必须建立强大的道德资本。可惜的是，无论国家、家族或是个人，大多只着眼于硬实力，忽略软实力的建立和凝聚；就算是对软实力的探讨，一般也只集中于社会网络与人际关系，较少注意道德资本，因而难免窒碍家族的进一步提升和可持续发展。

本章中我们将通过何东家族案例，说明这个二战前的香港首富家族，在创造巨富后如何积极参与社会活动，赢取民众认同、强化社会地位，又如何从公益慈善的投入过程中积累道德资本——尤其是何东和其平妻张静蓉的众多慈善义举，丰富了家族的软实力，最终福荫子孙后代。

慈善与道德资本

软实力一词中包含众多要素，我们在此主要探讨的是道德资本。对于道德资本，中外社会有不少研究，共同点是将道德资本的建立和积累，等同于慈善行为——尽管两者有未尽相同之处，但亦相去不远。值得注意的是，慈善一词最初只是一个神学或哲学概念，之后在与社会发展及价值观念转变的互动中，产生了更为世俗化的内涵。

当然，从学术上来看，慈善具备慈心与善举两个层次的意义：慈心是在伦理道德层面，显示慈悲和慈爱之心；善举是在社会行动层面，倡导仁心和仁善之举。换言之，慈善包含了伦理道德和社会行动两个层次的意义。中外社会对于从人道主义立场出发的慈善行为，不但会给予肯定和支持，多种分析和记述更是汗牛充栋，可见尽管各国人民的生活环境与历史不同、文化与宗教信仰有别，但却人同此心，心同此理，重视程度极高。

在中国文化中，所谓慈善，字面上的简单说法，应是出于仁慈心理驱动下所做出善举的意思。但若我们查看《汉语大词典》则会发现，"慈"是指"上爱下，父母爱子女"，所以孔颖达在《春秋左传正义》上说"上爱下曰慈"，而贾谊在《新书》中说"亲爱利子谓之慈"，并因此引申为母亲的简称，王安石更留下了"庶云留汝车，慰我堂上慈"的动人名句。"善"的意思是吉祥或美好，引申为善事、善行、善人，所以《易经》中便有"积善之家，必有余庆"之说，《史记》则提及"盖闻为善者，天报之以福"。若"慈"与"善"合在一起，即富有同情心之意。《魏书》中进一步提到，"宽于慈善，不忤于物，进退沉浮，自得而已。"换言之，"慈"有爱心、爱抚之意；"善"有和善、美好之意。两者的结合，则有出于仁爱之心的施善行为，从而希望可以结出美好果实的意思。

在现代社会，慈善被看作是捐赠布施、扶贫济众或改善人类福祉的利他举动，甚至是指那些推动相关活动机构的统称，笼统地成为英文 charity 或 philanthropy 一词的中文翻译。英文 charity，即拉丁文 caritas 一词之演化，带有回报基督之爱（to the love of God）的宗教色彩；而 philanthropy 一词则来自 phil 和 anthropy 两词，意思指对人类之爱（love to mankind），属人道主义的关怀，并无宗教色彩。

必须注意的是，在中世纪以前的欧洲，教会近乎主导了一切社会行为，慈善行为亦如此。一般而言，信众会捐赠教会，再由教会集合资源与力量，推行社会救济、教育和宣道等工作，信众本身不会另行以个人名义进行慈善工作。但是自马丁·路德（Martin Luther）提出宗教改革，并有了基督新教的兴起之后，以个人名义直接施善救济，不再全然交到教会手上乃成为潮流，其中又以巨富世家拨出部分或全部财产，设立慈善基金，借以推动慈善事业的前所未见，开风气之先的举动，备受社会关注。

道德资本的探索和思考

一般而言，道德资本的建立或累积，可分为个人、企业和家族三大层面。简单而言，个人层面指个人道德修养、情操和亲和力；企业层面指经营良知、员工关系和社会责任；家族层面则指家族在慈善和福利方面的投入与贡献；三者的指标，是他们在群体或社会中的口碑。在华人社会，由于三者的界线相对模糊，彼此间常常出现重叠，因而会让人觉得是"三位一体"，没有差别。为了便于讨论，本章将集中于第一及第二个层面——即个人及家族的慈善事业，而企业的部分——例如今日社会所提倡的企业社会责任概念与观念，则留待日后深入探讨。

长久以来，在华人社会，社会大众较多从"行善积德，福有攸归"的角度入手，宣扬应积极行善、慷慨布施，并糅合了宗教的"种善因、得善果"等概念。而为了鼓励行善，提倡公益慈善，社会大多强调善举可获得的回报，例如道教经典《太上感应篇》指多行善举，便可获得奇妙效果："所谓善人，人皆敬之，天道知之，福禄随之，众邪远之，神灵卫之。"此外，行善的好处不只惠及个人，"积善之家，必有余庆"，恩泽能及于子孙。

不过，这些良好效果始终是唯心之说，尚未有实据证明慈善义举真能转化为"好报"，从而降福自身或裨益子孙后代。利用慈善事业以积累道德资本、从而福荫后代的想法，仍然维持在"信之则有，不信则无"的自发自信的唯心主义阶段。

相对而言，学术界则较多从理性角度出发，既强调道德资本的功能和作用、捐赠行为背后的种种因由，也关注捐赠在明在暗、直接间接之间，给行善者带来的政治、经济、社会及道德"效益"。如心理学者关注行善与心理健康的关系，近年来不少研究已肯定，行善助人能令施善者得到快乐的感觉，减少忧郁、抵抗压力、增加幸福感等，对个人的心理健康有益处。亦有论者认为，传统强调"发财立品"，代表"发财"的层次较"立品"的层次低，显示有了财富之后的追求立品，是为了达到更高层次的满足与目标。

从功利主义的角度来看，行善的过程可以凝聚道德资本，为家族带来良好声誉。因为在重农抑商、疑商忌商的传统农业社会，商业成就往往被形容为"财大气粗、为富不仁"。要将商业成就转化为社会成就，洗脱"满身铜臭"的负面形象，提升个人或家族的社会地位，乐善好施、助弱扶贫，显然便属于其中较为有效的方法。

正是认识到这一点，中外社会不少人致富后——尤其是那些社会地位较低微，甚至遭到排挤或歧视的一群，总会积极参与社会事务，服务大众、大破悭囊，在教育、医疗、宗教、扶老、恤孤及救灾等方面大做善事。这些行为，一方面可以赢得社会认可，满足个人或家族更高层次的需求；另一方面则是为了让施善者获得本身渴求的权力或影响力，实现另一层面的理想。更有分析指出，施善者行善未必纯粹是为了济众、扶助老弱，可能亦是为了积德、荫护后代。即是说，从社会参与的助人过程中，达至既可裨益自身及子孙，又可留名后代，同时亦有助家族传承，达至永续发展等一举多得的目标。

因此，从功利主义角度出发，慈善公益的积极作用不容低估。当然，这类慈善行为必须是扬名显姓、大事宣扬，而非隐姓埋名，"行善不欲人知"。换言之，积极打拼取得财富，提升家族物质条件的努力，在中外社会均被视为只属较低层次的成就；在这个基础上再有突破，提升个人及家族的社会地位，获得更多民众称颂，自然难度更大，亦更为可贵。正如上文提及"发财立品"中"立品"高于"发财"的核心所在。

能赚钱、赚大钱，有更多资源可以运用固然重要，但如何善用这些辛苦得来的资源回馈社会，并从中得到社会认同和尊重，进而树立权威、名望及号召力，更显难能可贵。因此，若能建立道德资本，将之传授或转移给子孙后代，让家族处于社会道德高地，赢取人心，则无疑有助于家族的进一步壮大与可持续发展，所以透过慈善公益行动的积累道德资本，长期以来被视为维持家业长青极为重要的一环。正如有人说："有了财富，便有很多事情可以做了。"

进一步说，不论道德资本的效益到底有多大或多直接，也不管行善者的真正目的是什么，在分析本文的重点案例何东家族时，我们不难发现，当这个首富家族逐步提升社会参与及投入慈善公益后，其名望、社会地位和道德资本与家业同样增加，两者相辅相成、同步前进。通过深入及系统的探讨后，我们可以对华人家族企业的发展和传承特质有更全面及透彻的理解。

何东家族传奇与社会参与

何东是一位香港商人，活跃于 20 世纪上半叶。虽然他已离世超过一个甲子，但他的名字仍常会被提及，被视为当时的标志性人物。他的平妻（一种特殊身份，详见下文讨论）张静蓉亦是一位值得书写的女子，她的生平行宜别树一帜，能够突破时代限制，立德立言。他们的子孙后人枝叶繁茂，在不同领域上各有成就，长期占据中外社会的上层位置，享有甚高的名声及社会地位。这个家族能够长盛不衰，与何东及张静蓉积累的深厚道德资本有关。

在讨论何东及张静蓉"立品"之前，我们首先谈谈这个家族"发财"的故事。生于 1862 年的何东是一位中西混血儿。当时，华洋种族各竖藩篱、互相敌对，混血儿不获双方社会接纳，属社会边缘群体，地位卑微，屡遭排挤歧视。何东及其胞弟何福和何甘棠等能够取得突破、出人头地，与他们母亲的识见密切相关。

何母尽管出身不好，更从没入学读书，但她洞明世情，相信教育能成就子女、改变命运，特别是现代教育，故在何东昆仲们年幼时，即安排他们到创校不久的皇仁书院念书。由于皇仁书院是一所中英双语并重的西式学校，他们就读时不但汲取了先进的知识，更掌握了中英双语。由于当时极少华人通晓中英双语，故他们进入社会工作后，能够担任极为吃重的买办岗位，充当华洋贸易与社经交往的中间人，成为中外社会炙手可热、能够左右大局的关键一群。

　　在突破社会藩篱且在担任买办职位上取得成绩，积累财富后的何东昆仲，决定自立门户经营生意。他们的投资如水银泻地，发展诸如转口贸易、食糖、鸦片及航运等生意，然后将盈利的大部分投入股票市场与地产市场中，家族财富随着香港经济逐步壮大而水涨船高。何东在投资上的目光敏锐、获利极丰，最后更成为香港首富。

　　家财积累日多的何东，正如马斯洛需求层次论所言，在满足了基本的生理安全等需要后，开始思考更高层次的追求。他显然感受到，身为混血儿，又是买办商人，仅靠财富不足以提升社会地位，更不能获得尊重。所以他以参与社会服务为切入点，慷慨解囊、大量捐赠，以此提升社会名望与影响力，争取获得社会认同。何东积极参与社会和慈善公益的等等举动，不但令他备受注目，也逐步树立起善长仁翁的正面形象。至于个人与家族的生意，亦因此直接或间接地获得帮助，实现进一步巩固或壮大，相信令他有意外之喜。

　　从种种迹象来看，在19世纪末叶，何东刚开始参与社会事务时，主要集中于同业公会或商会等工作上，目的应是为了争取或维护业界及本身的权益，以及联谊、发展人脉关系等。第一家吸引何东加入的商会，是廿四商会联合会。所谓廿四商会，是指由四邑商会、东莞商会、台山商会、银业公会及米业公会等24家地区性商会或同业公会联合组成的组织。公会希望统合零星分散、各为其政华资商会的力量，达至"保护商利、搜集商情、排难解纷、增进公益"的目标。在保障会员利益、维持市场秩序的同时，他们也打算加强与政府方面的互动。何东之后，其他家族成员如何福、何世荣等也先后加入该会，成为骨干成员。

在多个商会站稳阵脚后，他的身影开始出现在各种慈善组织、福利机构及教育团体，为慈善事业出力。例如他加入华人社会龙头慈善组织——东华三院，此民间慈善机构早年的服务主要为义诊及丧葬服务，日后不断发展，现时已涵盖了教育、扶老、抚孤等层面。何东1898年35岁时获选为主席，进一步提升个人的社会地位和声望。在任期间，何东除了发动个人网络大力募捐外，又针对院舍不敷应用的问题，在东华医院旧院舍对面进行扩建，改善医院的服务水平。

香港开埠不久，欧洲人在香港成立"香港会"，作为商人聚首和交流商业信息之所，将华商拒诸门外。有鉴于此，以何东等为首的华资商人，仿效"香港会"的编制和模式成立"中华会馆"（即日后的"华商总会"），兴建华商会所作为华商的聚脚点，一来作为联谊之所，二来作为分享商业行情之地。从华商总会不同年代出版的刊物中，我们不难看到，除了何东之外，不少家族成员如何福与何甘棠，子侄何世荣、何世光、何世耀、何世亮及何世奇等，曾经先后出任华商总会的主席或值理等要职，至于姻亲如罗长肇、罗长业、谢家宝、蔡宝耀，女婿罗文锦、罗文浩以及妹夫黄金福等，也在华商总会中扮演着极为重要的角色。

　　此外，何东家族成员亦经常参与众多社会、慈善组织，如在社会中享有名声的东华三院、保良局，以及一些知名度相对较低的社团，例如同乡会与宗亲会等，因而其个人声誉与社会知名度日渐提升。他们的积极参与，可能是受何东身体力行所影响，或是受个人宗教信仰的感召，但也可以反映出混血儿和买办商人的身份，受到不少歧视，故当他们察觉到社会公益服务有助于提升个人社会认同与名声等正面作用时，则倾向参与社会公益服务，或是慷慨捐赠，借以提升社会地位。

　　因积极参与社会事务的工作而获得肯定，香港殖民政府在1899 年任命何东为太平绅士，是他人生中第一个官方性质的荣誉。自此之后，其妻妾、弟弟、子侄或姻亲等混血儿们，也因积极参与社会事务，先后获得不同类别的荣誉。以太平绅士头衔为例，在1922 年时全香港共有 29 名华人太平绅士，其中 6 人为何东家族的核心成员，包括何东、何福、何甘棠、何（世）荣、何（世）光及何（世）亮；4 人为其姻亲，如黄金福、罗长肇、罗旭龢及罗文锦；另有 6 人如韦玉、周少岐、刘铸伯、唐丽泉、周寿臣及莫干生等，则属何东在皇仁书院的旧同窗或同属买办，彼此关系极为密切。可见在服务社会、参与各种慈善公益活动的过程中，不但何东的名望和社会地位得以提升，其家族的影响力也得以大增。

　　在政治、经济及社会制度尚未完全建立的封建年代，讲义气、守信用和重承诺之类的传统道德，一直被视作规范社会行为的重要标准。至于仗义执言、慷慨捐输等，更属难能可贵的高尚情操，深受社会大众的赞许和爱戴。而在商场上，买办除了必须懂得中西语言外，更须守信重诺、言行一致。何东能够在华洋之间来去自如，除了沟通的能力，更需要有守信重诺的声誉。通过担任廿四商会联合会、东华三院及华商总会等重要职位，何东进一步树立起个人声望。

名望、声誉和人脉关系的累积，既有助于提升个人及家族的社会地位，亦能树立个人在社会上的领袖形象，故而增加了政府向他招手的吸引力。由此可见，服务社会，或是借散财捐赠的行善行为，虽然难以肯定其能否带来福荫果报，但所产生的名望、社会地位及社会赞许，则十分清晰直接。

何东积极捐赠与屡获荣衔名誉

踏入 20 世纪，随着个人财富及社会地位日益提升，何东参与社会事务及社会公益的性质，开始由直接参与的出力形式转为间接参与（即只是输财捐赠）的出钱形式。也就是说，在 20 世纪之前，何东很多时候会抽出时间，参与某些慈善团体的组织或运作，甚至担任总理或会长等较为重要的管理职务；20 世纪之后则甚少如此，改为通过捐款来支持大小慈善机构的发展，至于担任的职务，往往也属"挂名"式的名誉会长或顾问之类。

20 世纪初，何东曾经作出数项轰动社会的大额捐赠（见表 7-1），

表 7-1　何东的捐赠与社会资本

捐赠行动	获得的名衔／职位
1897 年起向东华三院捐款、协助募捐	1898 年当选东华三院主席
1897 年起参与众多社会及慈善组织	1899 年获港英政府委任太平绅士
1900 年筹组中华会馆	1900 年担任创会会长
1900 年捐建九龙英童学校	
1908 年捐款香港大学	
1913 年起捐款中华民国政府	1914 年获中华民国政府二等嘉禾章
1914 年捐两部飞机予英国政府 捐款英国红十字会	1915 年英皇乔治五世下级勋章爵士
1918 年捐款香港大学	1919 年获香港大学颁赠荣誉博士
1919 年捐款中华民国政府推动经济与教育	1922 年获一等嘉禾章
	1925 年获圣约翰救伤队爵位奖章
1920 年代捐赠葡萄牙政府	1930 年获葡萄牙爵士勋章
1930 年代捐款中华民国南京政府支持经济建设 捐款德国政府 捐款法国政府	1932 年获中华民国南京政府委任为总统府荣誉顾问 获葡萄牙高等爵士勋章 获法国荣誉勋章 1933 年获德国国家一级十字会勋章 获意大利爵位勋章 获比利时爵位勋章 1936 年获安南皇爵士勋章
1945 年后捐出早年借贷给英国政府的款项，并表白在日治时期的忠诚	1955 年获英女皇骑士勋章（KBE）爵士

为他赢来了社会各界的赞誉和英国皇室的爵士勋衔。这当中的重要捐赠记录有三：其一是捐款创立九龙英童学校，为驻港英籍官贾的子女们提供优良的学习环境；其二是捐款支持港府创立香港大学，发展香港的高等教育；其三是慷慨捐出飞机，支持英国政府在第一次世界大战中向德国宣战。

自香港岛被逼割让后，九龙半岛及新界大片土地也先后落入英国手中。随着贸易兴起，商业活动有增无减，人口在移民不断涌入的情况下持续增加，令教育需求更见迫切。有鉴于此，政府及社会开始投入资源，推动教育发展——以西式教育为主。发迹后的何东对推动西式教育非常支持。1899 年，时任港督卜力（Henry Arthur Blake）希望何东捐款支持在九龙半岛设立学校，以纾缓该区学校资源不足问题，并获得何东接纳。

不过，这所学校在筹建过程中发生了一些小风波。何东原本的构思是由他本人捐出款项兴建校舍，政府拨出土地，作为兴建校舍之用，并承担日后的营运费用，至于办学模式则以何东的母校皇仁书院为蓝本。除此之外，何东还提出一些前瞻性建议，包括何东本人希望加入校董会、设立家长代表及学校督学、以英语作为教学语言、录取来自不同族裔及不同信仰背景的子女，立意是鼓励种族和谐相处。何东还建议提供寄宿服务，培养学生独立性及自理能力。

经过一轮讨论后，港府终于同意何东的办学理念，并接纳了捐款。1900 年 7 月，政府批出九龙尖沙咀弥敦道 136 号的大片土地，动工兴建校舍。然而，校舍快要完成之时，港府却出尔反尔，致函何东表示反对让不同族裔的儿童一起学习，指该校应该集中收取欧洲籍学生，华人及其他族裔应该集中在当时的油麻地学校。

对于港府突然更改办学宗旨，而这样的安排又与他希望可以消除种族歧视的想法大相径庭，何东明显不悦，并对政府的决定表示遗憾。但在殖民地强权下，加上不欲破坏与政府的关系，何东只能无奈接受。唯一可以坚持的，是要求殖民地政府投入更多资源，改善油麻地学校的素质，引入英语教学，让华人子弟可以接受更优质教育。对于这个简单的要求，港府自然也顺水推舟一口答应。

1902 年 4 月，校舍正式落成，取名九龙英童学校（Kowloon British School），即现时的英皇佐治五世学校（King George V School），并邀得署理港督加士居（W. J. Gascoigne）及何东等人主持开幕仪式。仪式上，加士居并未提及该校原有意收取不同族裔的学生，但最后却只取录欧洲籍学童之事，只是高度赞扬何东的慷慨捐赠和热心教育，嘉许他的善动为香港的教育历史写下重要篇章。同时鼓励其他善长仁翁效法何东，为香港的教育事业作出贡献。何东为了不令港府尴尬，对招生一事亦避而不谈，只是简单地祝愿该校百尺竿头，将来可以取得良好成绩等。

九龙英童学校投入服务不久，港府又为筹建香港大学而四处募捐，何东家族亦成为重点募捐对象。由于何东及其家族成员积极响应，香港大学的早期建筑物亦以何东命名。何东随后再增加对香港大学的捐款，令香港大学及港英政府十分欣赏。为此，1919 年香港大学更颁赠荣誉博士头衔给何东，作出了最大答谢。

当然，20世纪初何东的另一项重大捐赠，就是在1914年第一次世界大战英国对德国出兵时。何东为了表示对英国政府的支持，与两名胞弟连同刚成立的大有银行骨干成员如刘铸伯、罗长肇和陈启明等人，捐出巨款购买两部飞机，赠送英国战争部。此外，何东等人又捐款予英国红十字会，支持该会在战场上拯救伤者。

由于何东支持了英国的战事，尤其花费巨款给英国军方购赠飞机，得到了英国方面的高度赞赏。1915年6月3日，香港殖民政府表示由于何东热心捐输、贡献社会，大英皇室赐封他为爵士。相关电报内文如下："仅以喜悦之心情通知阁下，英皇陛下已很高兴地批示，赐给何东先生爵士勋衔。"显然，何东因慷慨捐输得获英国皇室册封为爵士的回报，成为香港开埠后第三位获英国皇室赐封爵士勋衔的香港华人领袖，地位及声望极为崇高。

正因何东一跃而为华人社会德高望重的领袖人物，中外名人访港或是本地社会举办重大庆典活动时，何东必获邀出席。例如，当首位华人立法局议员伍廷芳被大清皇室委任为美国、西班牙及秘鲁特使一职履新而路过香港省亲时，何东便获邀作为其中一位致欢迎词的人物。1902年，当辅政司骆克（J. H. S. Lockhart）任满离港返英时，何东又获邀出席其饯别晚会，并以华人社会代表的身份在席上致辞，显示二人的相知相交、感情深厚。

由于何东家族的名气日大，人脉网络四通八达，每遇本身有喜庆之事时，到贺的达官贵人也是数不胜数。例如，当何东的过继子在1902年结婚时，当时的港督及夫人便亲临到贺。到了1918年，当长女何锦姿下嫁罗文锦时，当时的港督更率同一众高官出席婚礼，甚至参加晚宴。另一方面，何东外游时，所到之处的政商名人热情招待，视同上宾，连早年到访香港时有一面之缘的大文豪萧伯纳（George Bernard Shaw），也曾招待何东到其家中做客，并穿上何东早年赠送的丝质长衫马褂，同站在家门前拍照，以示彼此间的深厚友谊，成为一时美谈。

值得指出的是，何东在积累巨额财富后，利用担任公职的社会参与和慈善捐赠的交互手段，加上积极配合政府政策，明显摸索出一套将金钱转为名望和社会关系的法门，让他在中外社会大出风头，赢来无数荣耀与头衔。前文表 7-1 是何东因获得不同政府颁赠名誉或勋章的资料，从中可以看到，自 1899 年获得港英政府的太平绅士和 1915 年获得大英皇室的下级爵士头衔后，何东因多次捐款中华民国政府先后获得颁赠二等嘉禾章和一等嘉禾章，令他成为当时香港极少数能连续获得当时中国政府颁赠高级荣衔的人。

在接下来十多年间，何东仍然捐赠不绝，特别是捐款支持与政府相关的活动。同时，他也常为殖民政府、英国政府及中华民国政府出谋献策，因而获得相关政府委以政府顾问之职。例如，他 1932 年 4 月获得南京政府委任为总统府荣誉顾问。除此之外，何东亦曾向葡萄牙、法国、意大利、安南（即越南）和比利时等国家捐赠，表示对这些国家及社会的支持，并因此获颁荣衔。至于家族的软实力，则如何东胸前挂满的大大小小各种勋章一样，不断增加，在中外社会的影响力和名声，更可谓一时无两。

尽管在不同捐赠仪式上，何东获邀致辞时总会谦虚地表示其慷慨捐输，扶助弱小、推动教育的行为，纯粹是他在事业有一定成就后回馈社会、作福民众的一点心意而已，是任何人都会做的事情，不值得社会大众或政府大肆褒扬。他虽强调其慈善公益活动并非为了私利，而只是基于一份仁慈之心而已。但是，我们却不难发现，各项嘉许和称颂，总是在他慷慨捐输后接踵而至，更加不用说那些曾经获得他作出慷慨捐输的地方或国家，总是与他及家族生意投资和业务有着千丝万缕的往来。

暂且不论何东的捐赠与获得荣衔名誉之间的关系有多密切，无可否认，他在发财致富后，没有停留在"有钱万事足"的水平，而是表现出悲天悯人的人道主义情怀，并且立志高远，在扶贫助弱的行动中赢取民众敬仰，让自己的名字刻印在社会中。而他的捐赠"散财"无疑在事实上实现了一举数得的效果：自己不但在捐赠过程中得到了满足感和成就感，同时也得到了社会的充分肯定，提升了社会地位。20 世纪之后，何东跃升为香港华人社会贤达领袖，备受中外社会推崇。

张静蓉的兴学弘道与东莲觉苑

无论是打江山、闯天下，还是做买卖、干粗活，在何东和张静蓉所处的那个年代，总是只有男性的身影，鲜有女性的角色。更不

用说让女性以本身名义拥有财产，或是进行慈善捐赠，那简直是天
方夜谭，令人难以置信。但身为香港首富平妻的张静蓉，却能取得
突破，一方面按传统要求为丈夫育有多名子女（三子六女，唯其中
一子早夭），化解他的无后之忧，另一方面则一生行善积德，为子
孙后代留下了极为深厚的道德资本。

　　张静蓉的一生究竟有何传奇？她的慈善义举又有哪些突破时
代之处？张静蓉 1875 年生于香港，与何东一样同属欧亚混血儿，
唯她则自小信奉三宝、心好佛法，懂事后已获得思想开明的父母在
家中安排家庭教师读书识字，但却有碍"女子无才便是德"的迂腐
传统，在她年纪稍长后没能进入正规学校就读。后来，她的父亲因
工作关系被调派到九江，年纪尚轻的她随家人由香港移居九江，开
始了新的生活，也有不同的人生体验。

　　可惜，其父在九江工作不久便去世，张静蓉与家人无奈返港，
生活难以为继。那时，她的表姐麦秀英（欧亚混血，何东元配夫
人）因婚后未能生养，为纾解何东无后之忧，有意为丈夫纳张静蓉
为妾，以继香火。[1] 但张静蓉读书识字，了解妾侍的身份低下，做
妾侍不会有出头天，所以坚决拒绝。

　　然而，何东对张静蓉十分倾慕，希望麦秀英能尽最大努力成
全，让他可抱得美人归。为此，麦秀英退了一步，愿意给予张静
蓉"平妻"的身份——即张静蓉和她一样，享有妻子的地位，过门

---

[1]　在此之前，麦秀英已为何东纳了一妾，是为周绮文，但此妾仍一直未有所出，
　　所以令何东的无后之忧十分强烈。

后不会视她为妾侍。张静蓉再三思量终于答应下嫁，而她亦不负所望，过门后诞下三子六女，化解了何东的绝后忧患。

由于张静蓉本身聪慧过人，加上经常陪伴丈夫出席大小宴会、周游列国，所以更是见多识广。张静蓉相信女性能顶半边天，但现实中的女性（尤其贫苦家庭女孩）却处于被压逼和剥削的悲惨和苦难境况，难有出头之日。由于她自小信奉三宝，常怀慈悲之心，希望能从提升女子教育入手，改变女性地位，同时弘扬佛法，这桩心愿成为她一生立志贡献社会的支柱。

身为香港首富的平妻，张静蓉并不像众多富豪太太们那样只沉醉于物质享受，或是在内宅中勾心斗角。或许是多年随夫奔走，眼见中国时局不靖，特别是日本对中国的虎视眈眈，加上欧洲局面的山雨欲来，她认为"世界再次大战争，有随时再爆发之可能"，并认为力挽狂澜的唯一方法，是"舍佛法无他途矣"。显示出她对那个弱肉强食、争夺不断的国际环境颇为忧心，并相信佛家善恶因果之说，有助化解仇恨、消弭战祸，因而属于"改造世界、挽回人心之根本善法"，甚至指出"深信今后浩劫，此莫能挽救"。至于如何在那个重男轻女且资源匮乏的年代落实她的目标，成为一直困扰张静蓉的难题，令她"郁郁寡欢，诚恐虚度此生，不能偿我素愿"。在《名山游记》一书中，张静蓉对于其人生目标有如下的描述：

时局至今日（1929年），纷扰更甚，杀机四伏，世界再次大战争，有随时再爆发之可能，欲图挽救，舍佛法无他途矣。

然而宗教式微，未能普及，苟欲求佛法振兴，非兴教育，造就人才，相与弘扬不为功，因发愿办学。

除了希望通过弘扬佛法消弭尘世戾气外，张静蓉还因眼见当时社会很多贫苦人家的子女自小失学，想到要改善社会，便要提升人民素质，令人明辨是非曲直，因而颇有远见想到"兴教育、造人才、弘教义"的方法。因此，在悉心栽培自己子女读书求学之余，她在20世纪30年代初率先在香港及澳门两地创立名为宝觉义学的平民学校，开香港女性兴办义学的风气之先，朝"兴学弘教"的目标前进。

宝觉义学的办学重点，主要是针对当时社会"只重男子教育、不重女子教育"的流弊，集中招收贫苦失学的女童，让她们接受教育。不过，她虽身为巨富之妻，能享受锦衣华食，但传统中家财全由一家之主控制，妻子除日常使费外，能动用的私己钱不多，所以张静蓉初办义学时规模不大，课室及教学设施等均十分简陋。张静蓉续写道：

民国十九年（1930年），先后设立宝觉第一义学于本港波斯富街，宝觉第二义学于澳门龙嵩街，以是两地多平民聚居处，于事利便，故组设是间。二十一年（1932年）秋，复设宝觉佛学研究社于青山，以培育弘法专门人才。余尝独居深念，以为天赋懿德，人类平等，衹缘贫窭失学之故，窒其智识，致令人才能莫由发展，碌碌终古、比比而是。余对于此等人才，深用（原文如此，或是"感"字之误）慨惜，窃愿与以造就，鼎力栽培……间尝独居深念，以女子为国民之母，具有相当智识，始成良好家庭，推而为良好社会，其需要教育，实不后于男子。蓄此目标，窃欲普及以学业，斥资傥舍，建日夜义学。

从这个角度来看，行为举止与思想价值十分传统的张静蓉，虽然跟随封建传统自小缠足，表面亦服膺于"妻以夫纲"及"一夫多妻"等教条，但她的内心深处，却不认同"女子无才便是德"的说法，不但极为着重一众女儿的教育，认为她们应与男子一样享有平等的教育机会，更推己及人，希望那些贫苦失学的女子可以获得教育的机会，从而可以开启心智、发挥潜能、掌握自己的命运。

虽然有了"兴教育、造人才、弘教义"的施善良方，亦找到了"弘扬女子教育"的所谓"阿基米德支点"贡献社会机制，在收容贫苦女子并提供基本教育取得初步成绩的张静蓉，仍因为个人力量有限不能令其兴学弘道的事业发扬光大，所以常有"自愧生平碌碌，建树毫无，虽利人有心，而德薄能鲜"之叹。她希望能争取更多资源，以绸缪"设一永久根本机关，弘扬佛化，普事教育"。

直到1931年，她的心愿才能发扬光大。何东在七十大寿暨金婚纪念时，为了庆祝也为了感谢两位妻子多年恩情，决定给予两位平妻每人10万元，由她们自由运用。张静蓉得到这笔巨款后，并没用于个人享受之上，而是分毫不留地全数用于实践早前定下的人生更大目标——创立一所兴学弘道慈善机构：东莲觉苑。

获得巨额捐赠后，张静蓉立即展开筹建东莲觉苑，包括在1933 年秋季以 17000 元的价格从半公开的政府土地拍卖中投得铜锣湾跑马地山光道 15 号一个总面积达 12000 平方呎的地皮，之后再找建筑师绘制蓝图、商定具体间格，与工程公司以接洽，展开各项平整地基、修筑围墙及建造房舍等工程，之后进行内部装修，添加大小设备。由觅地至施工，张静蓉事无大小亲力亲为，终于在1935 年 5 月 10 日，东莲觉苑正式开幕启用。

有了东莲觉苑这个重要平台，张静蓉想到精简架构、集中管理以提升实效的问题，遂将早年设于屯门青山的佛学研究社及铜锣湾波斯富街的宝觉女义学一并迁到东莲觉苑，而该苑的部分设施则辟作佛学图书馆，用以流通佛经。与此同时，她还设立"宝觉佛学研究社"，培育女性佛教人才，与其一贯"提倡女子教育从而弘扬佛法"理念相呼应，发挥了现代企业管理中所谓的"协同效应"。

或许是为了庆祝东莲觉苑的正式落成启用，或许是鉴于中外政局的日趋不稳与剑拔弩张，自东莲觉苑投入服务后，张静蓉花了很大力气，先后邀请众多得道高僧来港讲佛弘道，甚至在苑内长期设坛礼佛，一方面为家人亲属诵经祈福，另一方面亦为整体社会祈求和平，希望世人明白善恶果报的道理，戒贪戒欲，停止杀戮争斗。

张静蓉另一有别于同时代女性的突出之处，是她 1934 年出版了《名山游记》一书。虽说此书的执笔及润饰者另有其人，但书中所述所想，则明显属于张静蓉的个人游历，反映出她的思想和言行。她将此书出版，多少让人看到她有意将个人事迹流传后世，很有传统文人"立德立言"的味道与心态，是 20 世纪 50 年代前少数能著书立说的女性。

顺带一提，或者是受到张静蓉的思想影响，何家女儿们自小已接受良好教育，不受传统"三步不出闺门"或"女子无才便是德"的偏见所限，大多拥有大学学位，取得专业资格，部分甚至获得了博士学位，在不同工作岗位上发挥所长。其中何艾龄、何文姿及何孝姿等也曾著书立传，写录自己及家人的人生经历以及回忆与感受，成为何家女子的另一独特格调。

1937 年，日本发动全面侵华战争。国人同仇敌忾，发起抗日救国运动，何东家族不少成员亦投身于奋力抗敌的大潮之中。一直抱持慈悲之心，相信佛教最能消弭尘世戾气、戒贪息争的张静蓉，虽不像年轻力壮的子女般走上抗日前线，却同样全情投入，为支持前线而四处奔走，在后方为抗战筹款。她鼓励东莲觉苑及宝觉学校上下，努力宣扬佛教戒贪息争的教义之余，积极配合各种抗日救灾扶伤的工作。①

张静蓉积极响应蒋介石、宋子文和孔祥熙等夫人牵头成立的"中国妇女慰劳会"及"妇女新生活运动会"，并获推举为"中国妇女慰劳会"香港分会副会长、"香港妇女新生活运动会"副主席以

---

① 例如抗战爆发后，上海慈善团体联合救灾会组织了"僧侣救护队"，该队在 1938 年 3 月过境香港，计划北上救灾，东莲觉苑不但招待他们在苑舍中下榻，还广为宣传，募捐筹款，借以推动并支持"僧侣救护队"的工作。其次，该苑又经常为沙场上遇难的将士及无辜人民超度，并建立"阵亡将士及遇难同胞牌位"，安抚亡灵。

及"香港妇女兵灾筹赈会"委员等职，领导香港的抗日救灾筹款活动。正因张静蓉的带领，东莲觉苑也因在抗战期间积极参与抗日救灾的表现，备受社会称颂。

可惜，张静蓉因奔波筹款救灾救国，加上兼顾东莲觉苑事务，劳心劳力。年事已高的她在一次募捐时据说感染了风寒，而她又忽略病情变化，终致 1937 年底卧病不起，次年 1 月 5 日在山顶何东花园病逝，享年 63 岁。[①] 虽则如此，张静蓉一手创立的东莲觉苑和宝觉学校则代代相传，至今仍屹立于铜锣湾山光道上，不但在香港佛教界享誉极隆，在佛化教育方面亦贡献良多，而她生前积下的深厚道德资本，在不少唯心主义者心目中，也成为福荫子孙后代的重要基石。

夫妇死后捐赠的大爱和胸怀

毫无疑问，何东自发财致富后的大多数社会参与和慈善捐赠，均有浓淡不一的功利主义与精明计算色彩，与他操赢计奇时分毫算尽的个性十分一致，而妻子张静蓉的兴学弘道，则有更大的利他色彩，所以更具感召力。两人的慈善义举行为虽然颇有不同，但基本

① 何世礼对于母亲的去世则这样介绍："（1937 年底）太夫人既瘁力于国事，又值东莲觉苑举行佛事，在场处理一切。累月过劳，哮喘宿疾复作，二竖迭乘，遂告不起，以 1938 年 1 月 5 日寿终于山顶私宅内寝。"

上既能为家族拓展生意、强化人脉网络、增加勋衔数目，同时又可让其取得社会名誉和认同，以及凝聚家族道德资本、福荫子孙。这些效果虽然肉眼不能见，但却不容否认。

从不同迹象上来看，到了年过九十之后，何东显然已对争名逐利看开了，没有如过去般执着和锱铢必较，反而对于如何能够真正做到遗爱人间、惠及社群，有了更深刻的体会，此点相信与中国传统智慧所指"人之将死，其言也善"理气相通。而这种行为和思想，尤其反映在晚年修订遗嘱时的取舍与轻重之上。扼要地说，在其最后修订的遗嘱中，他虽然把名下大部分财产（尤其企业股份）分给一众血脉子女，儿子比例尤多，摆脱不了中国重男轻女和诸子均分的传统；但同时又开风气之先，毫不吝啬地将为数不少的财富拨作"何东爵士慈善基金"，用于扶贫助弱、抚寡恤孤。

何东在慈善基金中清楚地要求信托执行人和基金管理人，在投资时要稳当、营运时要专业，同时接受有关当局严格监管，让基金可以健康发展。由于何东慈善基金的资产主要投资在香港的房地产及蓝筹股之上，而这些资产组合在何东去世后随着香港经济的急速发展大幅膨胀，何东慈善基金的资产亦水涨船高，不但没有因每年巨额的慈善捐款而减少，反而积累日丰。尤其重要的，则是何东的名字，并没因他死去而销声匿迹，而是从其年复一年的慈善捐赠中，被受助人及社会大众所铭记感谢，凸显了出于无私、并不计较的遗爱人间，其道德资本乃可逐点逐滴地积累下来，作福社会、荫护子孙后代。

　　当然，在何东家族中，不着眼于亲人私利，而是全力推动社会公益，并将名下财产悉数捐作慈善公益的，又非前文提及言行思想远较同时代女性突出的张静蓉莫属，而她的无私行为，所带来的道德资本积累，自然极为丰厚，对子孙后代的裨益亦更为巨大。正如上一节中所提及，身为虔诚佛教徒的张静蓉，不但积极弘扬佛教，对推动女子教育极为热衷，殚智竭力地创立了宝觉义学和东莲觉苑，致力于兴学弘法的慈善公益事业上，实践个人慈善为怀的抱负。

　　到晚年时，尤其有鉴于战火不断、正气不扬，张静蓉在遗嘱中安排将名下财产全数捐给东莲觉苑，作为永久发展基金，而非如多数人一样，将大多数财产遗赠子孙血脉，只拨出一小部分用于慈善。这种不着眼于一己血脉的利他行为，在那个资源匮乏、思想保守的年代，无疑极为高尚，亦十分突出，所以引起了社会的很大反响。

　　张静蓉捐身家之举日后引来了不少人仿效——尤其是那些曾在宝觉学校读过书或是与东莲觉苑有深入接触的人，他们会为张静蓉慈善为怀的高尚情操所感动，亦将本身名下的大部分财产，捐给东莲觉苑，支持该苑的发展，因而令该苑有足够实力继续兴学弘法，持续发展至今，在造福社会方面作出更大的贡献。

　　相对于何东与张静蓉，在香港日治时期去世的何东元配夫人麦秀英，她生前亦立下了遗嘱，将一生积下的财产，除了部分遗赠给家属亲人外，亦将大部分捐作慈善用途。唯一不同的是，她并没将遗产成立自己名下的慈善基金，而是一次性全数捐给当时社会的重大慈善机构，例如博爱医院、东华三院、保良局、钟声慈善社、同仁会等。即是说，麦秀英的施善救济努力，并非自己设立慈善基金，集中管理经营，而是分配给社会上已建立良好制度及地位的慈善组织，交由他们支配运用。至于以这种形式的遗爱人间，亦无碍其道德资本的积累。

尽管何东与两位妻子死后推行慈善事业的方法各不相同，但她们选择将为数不少的遗产用于慈善，而非留给子孙，彰显了无私大爱，慈善为怀之心可谓一致。值得注意的是，除了何东夫妇三人，其他家人如何东胞弟各房，乃至子侄及孙辈等，当他们有了坚实经济基础后，同样会效法先贤慷慨捐赠，除了热心公益，积极参与社会活动外，死后亦大多会拨出部分遗产成立慈善基金，推动公益事业。

因此，无论是以家族成员曾经担任重要慈善机构（如东华三院、保良局等）的会长、董事或总理等重要职务来看，还是以捐款创立慈善基金的数量来看，在香港世家大族中，根深叶茂的何东家族应是名列前茅。而直接或间接受益于此家族慈善捐赠的公益慈善机构或民众，更可谓不胜枚举，显示何东家族所积累的道德资本极为雄厚，给子孙后代带来了绵长的福荫——尽管我们难以证明其发挥的实质作用有多大，又在哪个层次或时刻上发挥了作用。

道德资本凝聚与子孙不同际遇的验证

人类除了对生存必需品如衣食住行等有基本需求外，还对较高层次的东西如家庭、工作、爱护、关怀、社会认同、个人名望及社会地位等有不同层次的需求。本身来自遭受中西社会歧视排挤欧亚混血族群的何东家族，在摆脱贫穷后，一方面积极参与社会事务，另一方面则在个人财富日增的情况下大力捐输，既支持发展教育，又热心扶助社会上的弱势社群，并因此获得不同名衔或荣誉。这样的行为举止，无疑显示出他们希望以此争取社会认同的心态。

尽管何东本人早年的社会参与和慈善捐赠带有不少功利主义的色彩，但他本人、平妻张静蓉、其他家族成员，以及整个欧亚混血群体，从一系列行动中提升名望，获得认同与赞许，无疑又属十分确实的结果，这便说明社会参与、慈善捐赠与社会名望及社会地位之间，总是相辅相成、互惠互动的。进一步说，在那个重儒抑商、种族分隔的年代，何东热心追求名望及社会认可的举动，实在不难理解。虽然他在商业经营上表现得出类拔萃、点石成金，但总会因为身属欧亚混血儿而招来各方或明或暗的排挤和歧视。通过积极的社会参与和慷慨捐赠，何东不但能减少遭到排挤和歧视，还能与各国政府、政治人物及社会领袖建立起紧密的关系，深化个人的商业网络，达至互动互利的多赢境界。

　　一个不争的事实是，个人或家族的前进轨迹，总会遭遇很多复杂难料的事情。无论商业投资还是政治投资，都是风高浪急、充满险阻，何东及其家族便曾因此吃了不少苦头。就以政治投资为例，1898 年何东曾因救助被慈禧太后追杀的康有为，令他与清政府关系紧张，以致他后来改为支持孙中山的革命事业。到中华民国成立时，他又因日渐不满孙中山的政治立场，一度与陈炯明及张作霖等交往，其中尤以他日后让儿子何世礼加入张学良麾下的举动，显示出明显的政治立场。可惜，张学良日后因西安事变被蒋介石拘禁，何世礼亦受到牵连，令家族的政治投资再次受到打击。

　　幸好抗战中期，何世礼早年在美国军官学校受训的同窗魏德迈（A.C. Wedemeyer）获委任为盟军中国战区参谋长，是蒋介石的重要依仗，何世礼才能得到蒋介石的委任，仕途从此急升，抗战胜利后更出任驻秦皇岛和葫芦岛司令兼国民党"联合勤务总司令部"中将副总司令，令何东家族的社会地位和政治影响骤增。但是，国共两党旋即再次爆发内战，然后是国民党兵败如山倒，何世礼自然成为败军之将，退到台湾，何东家族的政治投资再一次出现严重损耗。在那个关键时刻，年过八十的何东再次四处奔走，为儿子及家族的发展寻求更好的打算与出路，令何世礼日后可在退守台湾的国民党政权中，得到不错的发展，而何东家族自此更坚定地选择了扎根香港。

　　当然，相信令何东始料不及的，应是在他去世 20 多年后，香港在 1997 年结束殖民统治，回归祖国怀抱，因而令亲国民党的何东家族，再次碰到政治"押注错误"所带来的巨大亏损，其中又以决定停刊亲国民党的《工商日报》一事轰动社会。何东家族的成员出售位处香港黄金地段的大量物业地皮，移民海外，无疑又极为深远地影响了家族之后的发展，既牵动了他们与不同社会组织的关系，也改写了他们在香港社会中的角色。

除了政治的风高浪急几乎令整个家族灭顶，商业投资所碰到的巨大挑战同样猛烈凶险，其中又以何世荣、何世亮、何世光和何世耀当年因着了渣甸洋行大班的道，因投机炒作怡和公司股票而倾家荡产，何世亮更因自杀一事最为轰动；而何甘棠一房因沉迷赌博，一夜间输掉巨大家财，成为家族最为沉痛的教训；家族在广州、上海、青岛和东北等地的物业地皮，则在公私合营中化为乌有，亦令家族蒙受巨大投资损失。由于篇幅所限，我们在此不做深入讨论。

另一重要人物则是何东外孙罗德丞，他的经历可谓与香港回归祖国怀抱、设立特别行政区时的首任行政长官职位擦身而过。今时今日的不少香港人，或许并未听说过罗德丞，然而他是 20 世纪八九十年代极为显赫一时的人物，曾与外祖父何东和父亲罗文锦一样叱咤香港政商界。他不但遗传了长辈长袖善舞、能言善辩的基因，还继承了父亲留下的罗文锦律师楼事业与外祖父留下的庞大投资生意。而更重要的，则是他和父亲一样，获得港英政府重用，担任行政局及立法局的"两局议员"，作为华人代表，政治力量无远弗届。

罗德丞事业如日中天时的其中一项重大举动或社会政治环境变迁，则是香港进入主权回归的过渡期，而他在这段时间敢于向大英帝国争取香港人的权益，尤其在争取香港人居留英国的权利上。有鉴于英国的"缩骨"行为，不愿承担属地居民在英国拥有居留权的责任，罗德丞作出了重大政治博弈，选择与英国政府直接交涉，要求对方给予香港人在英国的居留权，因而触碰英国利益，令英国不满，双方因此反目。结果，殖民地政府手起刀落，二话不说地将他"踢"出行政、立法两局，终止了他在港英政府的所有政治身份。此后罗德丞立即转向中央政府，主动与不少中央领导建立关系，争取他们的信任与支持。更为重要的是，他立即成立论政团体"香港联盟"，凝聚政治力量，并以此为号召，希望能够问鼎香港回归后的首届特区行政长官。

然而，由于其舅父何世礼是国民党退休将军，与台湾关系仍然极为密切，家族又有十分浓厚的买办背景，加上属欧亚混血，虽然退出港英殖民地的行政立法两局，与英国政府仍在明在暗间有着万缕千丝的联系，中央政府对他一直存在芥蒂。他在知悉后十分失落，明白到本身存在的多重问题难以克服，最终只能在极不愿意的情况下放弃了特首角逐，黯然退出政坛，而且自此之后变得十分低调，于香港回归9年后去世。

从何东家族众多子孙后代的经历与际遇中，我们不难总结出的重点是：人生无常、福祸难测，政治投资与商业投资尤其风险巨大。有些风险能够凭个人之力化解，但更多的风险只能顺势而为。这或许是唯心之说的"天命"之类这些看似十分玄妙的东西，长期以来受到民间重视的原因所在，不论科学发展到哪种程度，可能都有存在的市场。

何东家族在不同时局及外围环境的冲击下，总是能够不断发展、化险为夷、长盛不衰，子孙血脉尤其可以繁衍不绝，长期占据社会上层，在不同领域上尽展所长、各领风骚。单有经济资本、人力资本及网络资本，明显还不够。家族在不同时代长年积累下来深厚且坚实的道德资本，在关键时刻所能发挥诸如"促进作用"或"缓冲效应"等，效果实在不容低估。当然，由于这些行为或作用，并非外人所能知晓，亦极少有白纸黑字的记录，更非肉眼所能见到，所以常人难以掌握。

对于家族的慈善捐赠，表面看来，子孙后代在继承时所能获得的经济资本（遗产）无疑减少了，但这些慈善捐赠能够转化为道德资本，在积累日丰之后，能在关键或危急时刻荫护子孙后代，这种巨大作用实在难以计量，不应等闲视之。这恰恰说明中国谚语所说的"有舍才有得，不舍则不得"的道理，亦可作为鼓励慈善捐赠，从而积累道德资本的一个脚注。而本来属于社会边缘群体的何东家族，之所以能在白手兴家后保持家族兴旺至今，面对众多危机与挑战时能够逢凶化吉，与他深信发财立品、行善布施，积累道德资本，以此福荫子孙的认识密不可分。

本章结语

对于不少世家大族而言，创造雄厚财富和庞大企业的硬实力后，必然要考虑如何建立以及巧妙运用软实力。而道德资本，长期以来被视为软实力中的重中之重。通过对何东家族案例的梳理，我们可以清楚地看到，最能获取或积累道德资本的途径，莫如要有舍得胸怀的大爱与慈善义举，原因在于这种慈善行为一直被视为符合道德的义举，备受赞扬。此外，何东及其家族成员生前所做的慈善行为，大多带有功利主义色彩；而他们死后的捐赠则显露出更大的慈心大爱。对于道德资本的积累，后者收效尤为巨大。

作为本章的结语，我们想引用曾任北京大学校长的林建华在就职仪式上发言时引用古人的一段话："道德传家，十代以上，耕读传家次之，诗书传家又次之，富贵传家，不过三代"，说明道德资本的重要性。何东家族在慈善方面的各种努力，既让我们十分清楚地看到，家族发展轨迹的拾级而上，亦可凸显道德资本在家族传承上所占据的无法取代的地位，显示大小家族的领导人，若能够更为深刻地参透古人的智慧，了解到道德资本的重要性，多襄善举，积聚软实力，必然能够结下丰硕的助己助人果实。正因如此，习近平总书记大力提倡，在国家层面亦应提升软实力，尤应做到"形于中"而"发于外"，令他人受到感召，做好文化建设，创造家族及国家更美好的未来。

第 八 章

血脉：家业长存的内涵

大家族的另类安排

- 血脉延续是华人社会的重中之重。
- 现代社会家庭的继承原则由传统社会的父子相传改为夫妻相传。
- 夫妻分离会牵引出财产的继承与分配问题。
- 世家大族为了确保血脉传承、防止家产旁落，会采取非传统的家庭形式。

无嗣的忧虑

古今中外，女性在家族和企业两种不同组织中的身份纠缠或互为表里，与她们承担的独一无二传宗接代角色有关。婚姻制度犹如一把双刃剑，既为妇女带来保护，但亦是一种桎梏。而传统上，婚姻的主要功能是生育，亦是无数女性人生的最大意义或寄托，所以嫁得如意郎君与子女成群，是不少传统妇女的一生愿望。反之，嫁不出或嫁后不能生育，不能传宗接代，差不多等同于丧失女性的人生意义，不但会被人鄙视，就算已出嫁亦可作为休离的理由，因为血脉延续是传统社会中婚姻的最重要目的，妻子"无子"便令婚姻失去意义。女性一生要担心的实在很多，担心无子被休、担心夫君因子嗣不丰而纳妾、担心儿子无能不出众……面对种种由生儿育女而起的压力，必然会产生巨大焦虑。难怪唐代诗人白居易亦有"人生莫作妇人身，百年苦乐由他人"之叹。

当然在现代社会，由于价值观转变，"无子"对部分人而言，觉得没什么大不了，可以泰然处之。但仍有不少人——如前面章节中提及的何东夫妇与利希慎夫妇般，仍然十分在意，甚至会产生巨大焦虑，担心无后难以延续传奇，因此做出种种的"做人"绸缪、努力或应变。正因现今社会不同人士对血脉延续的重视程度有差异，对于爱情、婚姻的维护和追求亦有了变化，因而必然影响了家业财产的传承安排。尤其是在当今婚姻制度下，夫妻的继承权高于父母子女相传的继承权，但夫妻关系乃契约关系，可随时分合；而父母子女关系却属血缘关系，不能切割，因而令财产转移问题变得十分复杂，并会紧紧左右家族及企业持续发展的大局，特别会引起不少世家大族的关注，本章将在这方面作出初步探讨。

中外传统社会对血脉的执着

一个不争的事实是，在曾经轰动中外的"亚洲女首富"龚如心遗产争夺战中，她被揭露不但在丈夫失踪后与陈姓风水师有"第二春"，还十分渴望能够怀孕，生育子女以延续血脉。最终她未能如愿，甚至可能因此而赔上了性命，家产也落入他人之手。这无疑成为极为严重且必须引以为戒的重要教训。

在历史上，为解决血脉问题而大费周章，在离婚问题上又闹得不可开交，为国家带来深远影响的，相信非英国君主亨利八世（Henry Ⅷ，1491—1547）莫属。原因是他为了避免血脉断绝问题，闹着要与婚后多年没法生育的王后离婚，却不获罗马教廷接纳。而亨利八世的最终选择是坚持离婚，宁可与罗马教廷反目，哪怕此举可能令他的救赎及政治前途毁于一旦。他与天主教教廷决裂一事可谓轰动整个欧洲社会，在历史上引起了巨大回响，并从此改变了欧洲（尤其是英国）宗教和政治的关系。

亨利八世作为英国君主，其一言一行、所作所为逃不过史官耳目，而日后多角度多层次的系统分析和考证更是汗牛充栋，因而可让我们更为立体和清晰地看到，亨利八世对于传承血脉问题的固执和多番努力，就算因此被逼中断与罗马教廷的关系，影响其救赎问题，他仍甘之若饴。可见不惜与教廷反目的亨利八世，血脉相传在他心目中的分量实在不轻，与不少将个人救赎放在至高无上位置者的看法颇为不同。

雄心壮志的亨利八世年纪轻轻便登上君主大位，而他的首任王后凯瑟琳（Catherine of Aragon）婚后多年仍没为他诞下儿子，只育有一女玛丽，使他耿耿于怀。由于亨利八世担心由女性继承王位会引致王朝政局不稳，其溢于言表的无后之忧，更被历史学家形容为"国王的大事"（King's great matter）。他为此一直花尽心思，图谋废婚另娶，但其想法却不容于当时天主教的教规，所以不获罗马教廷答允。那时的罗马教廷严格规定一夫一妻，没有儿子亦不能作为休妻废婚的理由。亨利八世多次向教廷在明在暗表达要废婚另娶，亦不获接纳，这激化了他与教廷的冲突。最终他甘冒天下之大不韪，为了废婚而与教廷脱离关系，所以日后便有了英国圣公会的诞生，与罗马教廷分庭抗礼。①

---

① 亨利八世在与罗马教廷因为休妻问题反目之后，推行宗教改革，重点便是允许新教教徒可以在婚姻问题上有更大的自由选择——离婚与再婚。这与罗马天主教在有关婚姻的规定上有了重大不同。

亨利八世休掉凯瑟琳王后后，立即另娶安妮·博林（Anne Boleyn）。但她同样只为亨利八世生下一女伊丽莎白，未能育有子嗣。失望的他决意另娶，于是借口安妮通奸及意图谋杀国王，在没有充分证据的情况下将之处死，并在十日之后另立珍·西摩（Jane Seymour）为后。珍皇后终于为亨利八世诞下子嗣，是为爱德华王子，可惜她却在产后因感染去世。只有一名婚生子对亨利八世而言显然不够保险，他希望再育多些儿子，以防不测，确保都铎王朝有男性继承者，所以他不久即萌生续弦再娶的念头，并与克里维斯的安妮（Anne of Cleves）结婚，后因政治因素宣布婚姻无效。亨利八世旋即再娶凯瑟琳·霍华德（Catherine Howard），但不久她被发现有婚外情而遭处决。翌年，亨利八世第六次也是最后一次结婚，对象是凯瑟琳·帕尔（Catherine Parr），但那时他已年届 53 岁了，并在三年后去世，享寿 56 岁。

撇除亨利八世在英国的治国功过不谈，只集中讨论他一生因为无后之忧求子心切，不惜与罗马教廷反目，脱离关系，目的在于想娶一个能诞下子嗣的妻子。而他先后娶了六位王后——娶了又离、离而又娶，王后有如走马灯般更换，加上六位王后中的两位被他以不同理由处死，创下了英国历史上前无古人，相信亦不会有来者的纪录，轰动了当时的英国乃至欧洲社会。可见就算在西方社会，甚至是王室家族，对于延续血脉的问题也极为重视。

如果那时的亨利八世生在中国，他明显不用为休妻一事大伤脑筋或大动肝火。一来，身为一国之君，他可以三宫六院、妃嫔成

群，不用受罗马天主教教廷一夫一妻的制约；二来，中国社会强调
"不孝有三，无后为大"，妻子过门而不能诞下子嗣，本身便犯了
"七出"之条，是可以被休掉的最有力理由，做丈夫的无须想方设
法找借口。由此带出的重要问题，自然是中西文化、宗教信仰和社
会制度的千差万别，各有不同。其中的最直接和最简单观察，自然
是中国文化将血脉延续放在首要位置，婚姻制度的安排或模式，主
要在于保障血脉延续，因而可以粗略地视作"血脉至上"的文化。
而在西方，尽管像亨利八世般重视本身血脉者亦为数不少，但教廷
权威或信奉上主始终被放在至高无上的地位上，就算位尊如国君，
亦需遵守天主教的律法和制度，因为只有遵守天主律法的信徒，死
后才有机会获得救赎，可以进入天国、得享永生，因而可以粗略地
视作"救赎至上"的文化。

　　由于西方社会"救赎至上"的宗教信仰或精神，社会学巨匠
马克斯·韦伯的传世巨著《新教伦理与资本主义精神》一书出版
之后，中外社会对之认识或注意者不少，甚至已是耳熟能详了，
但并非本章的讨论焦点，在此不赘。韦伯的另一个深刻观察，却
又清晰地指出了中国的儒家传统，保持着一种世俗化的心灵倾
向，即是说中国人重视活在当世，所以对当世的命运如长寿、多
子多孙、财富充裕等热烈祈求，全然不是如基督教般祈求上帝救
赎，让其死后可进入天国，因而没有出现一种心理和精神上的
张力。

　　这种情况的精髓之处，突显了中国社会强调的"血脉至上"，

并影响其生死观和不朽观，与西方般将活在俗世视为短暂而痛苦的，祈求离开尘世后能进入天堂得享喜乐和永生的对立状态截然不同，而是共融和留在当世的。然而，这种文化或特质，在西风压倒东风的情况下，已甚少得到现代人的深刻了解，或者只有模糊印象，甚至低估了这种文化特质对其生活、工作、营商、治理及传承等不同层面的主导和影响，因而值得我们深入剖析。

简单来说，在"血脉至上"的中国社会，在男人可以娶妻纳妾的制度下，帝王将相、富贵人家因为没有子嗣的情况极为少见。就算患上不育之症，本身无法生育，或是只生有女儿，没有男丁，亦会及早作出过继或领养等安排，以防香灯熄灭、血脉断绝。问题是：为什么中国人将子孙血脉看得那么至高无上呢？

一代大儒钱穆的解释可谓简洁有力，正中核心。他认为，中国文化中自古便有追求不朽的人生目标，而这种不朽目标与西方的截然不同。简单来说，西方人追求的不朽——通常称为永生，是指死后进入天堂，到另一个世界或国度去，可与他们的上主同在，永享喜乐。但中国文化中的不朽观念，其实留在人世，死后仍与子孙后代荣辱与共，紧密相连，他们死后更需要子孙后代的供奉拜祭。

进一步说，钱穆指出，中国文化中的不朽观念，其实分为两种：一种叫普通水平的不朽，另一种属高层次的不朽。所谓普通水平的不朽，即是"家世传袭"，意思是家族地位荣誉等循着血脉世代传承恩袭。他写道：

只要血统传袭，儿女的生命里便保留了父母生命之传统，子孙的生命里便保留了祖先生命之传统，如此则无论何人，在此世界，皆有永生不朽之实在生命，不必以短促的百年为憾……（所以）在中国人的看法中，人不必有死后的灵魂存在，而人人可以有他的不朽。家世传袭，可说是一种普通水平的不朽。

至于高层次的不朽，则有叔孙豹的"太上有立德，其次有立功，其次有立言；虽久不废，此之谓不朽"的"三不朽"（《左传·襄公二十四年》）。孔颖达在《春秋左传正义》中对"三不朽"的进一步诠释则是"立德谓创制垂法，博施济众；立功谓拯厄除难，功济于时；立言谓言得其要，理足可传"。

当然，对于普通人而言，一般水平的不朽无疑更为广泛，也更为实在。正因如此，为了达至家世传袭的目的，就必须确保子孙血脉不绝，让祖先不至于没有后代供奉拜祀。这便是孟子提到"不孝有三、无后为大"的核心所在。用钱穆的话说，则是"无后打断了祖先以来不朽的连锁"，令父母及祖先日后失去了子孙后代的祭祀孝敬。无论是前者或后者，两种不朽均留在人世，而非如基督的宗教观般在死后转到另一世界。所以钱穆说：

> 我们用这一个观点来和西方思想作比较，则西方人的不朽，在其死后到别一个世界去；中国人的不朽，则在他死后依

然留在这一个世界内。这是双方很显著的一个相异点……西方人观念里，人生常在上帝的爱顾下活着，而东方观念里，则人生常在同时人乃至异代人的爱顾下活着……西方人求他死后灵魂在上帝心里得其永生与不朽，东方人则希望在其死后，他的生平事行思想留在他家属子孙或后代别人的心里而得不朽。这又是东西之异点。

正因中西之间"血脉至上"与"救赎至上"文化观念或宗教信仰的截然不同，因而很自然地影响了他们的政治运作逻辑、经济观念、社会制度及工作道德等，而商业经营、企业管治，以及家业延续和传承等众多问题，必然亦会有不少差异。举例说，在家产继承问题上，欧洲王室及贵族较多采用单子继承（多数是长子继承），但中国文化则强调诸子均分，甚至不能无故剥夺个别子孙的财产继承权——除非儿子犯了大逆不道的过错。所以有学者指出，每名儿子对父亲的财产均有继承，不能被无故剥夺、废除。可见重视血脉文化的背后，其实有很多深层次的制度配合，不应视若平常般草率略过。

事实上，如果我们拿中国诸子均分的继承制度与日本单子独享的继承制度作一简略比较，则不难发现尽管中国和日本均属东方父权社会，以父系传承为圭臬，而日本又曾受中国儒家影响，但两者却有不少差异。其中最突出的，便是中国文化重视血脉的延续，而日本文化重视家业（家名）的延续。至于其背后的思想，则相信视个体生命短暂，但家业组织则因属生产或经济单位，具有长远生命有关，所以选择以个体融入组织的长远生命为永恒不朽。

换个角度说，中国人重视血脉，只要是血脉，便可获分家产，所以产生了诸子均分；若然只有女儿，则以同宗昭穆过继，女儿甚少能够继承家产，可见其主要目的在于延续血脉。日本人重视家业，尽管儿子众多，亦只能交由一人继承，其他的则被排除在继承之外，若然只有女儿，则以女婿继承；若然没有自己的血脉，养子亦可，可见其主要目的是希望保留家业，所以可视"家业至上"。

由此衍生出来的一些特质是：中国人通过祖先崇拜昭示祖先生命的永生，日本人则由祖先崇拜以维系家业的代代延续。所以日本人没有"断香火"的观念或说法，亦不把"绝后"看得如天塌下来般严重，但反过来，他们最担心的是"绝家"——即失去了赖以生存的基础（家业的丧失），并认为如果家业尚存，但没血脉，可以养子或婿养子弥补，避过"绝家"。可见日本是超血缘的延续和存在，而中国则仍停留在血缘的层面上。

由于重视血脉，中国人觉得多子多福，日本人则并不崇尚多子多福，只视"一姬两太郎"（即一女两子）为理想数目，背后的考虑，还是"家业至上"的问题——即继承上采取单子继承，但若只有一子，则有儿子早逝或才能平庸等没合适继承人的风险。若有两个儿子，便可任择其一。换言之，另一儿子可视为"保险"或"备用"。女儿同被视作第二个"保险"或"备用"——即当两个儿子都不行时，可以女招婿，再由女婿继承家业。由此可见，日本的传承模式是纵向的，即父传子（养子或婿），不会有中国人所说的分家析产问题。中国的传承模式，则同时兼顾纵向与横向，既有父传子的纵向一面，亦诸子均分的横向一面。

可以这样说，如果不拿中国文化与其他文化做比较，我们实在很难明白本身对血脉高度重视的特质，亦未必能够全面认识到诸子均分的独特性，以及与重视血脉文化的一体两面、彼此关联。正因如此，我们不难发现，无论在企业发展、公司治理还是家业传承上，中国人对某些地方特别执着，并展示了某些与众不同的企业形态——例如美国公司的"所有权与经营权分离"，在华人家族企业中便很难实行；再如日本常见百年甚至千年企业，但中国却常常"富不过三代"。背后的核心问题，实为"血脉至上""救赎至上"或"家业至上"不同文化基因驱使所致。

婚姻制度的变迁与家产传承的更易

众所周知，婚姻制度是人类社会确保可持续发展的一项历史悠久制度，与家庭制度并轨前进、相辅相成。不同文化的婚姻制度又展示出不同特质，尤其突显了对延续血脉的重视程度。例如在信奉基督教的社会，以亚当夏娃的结合为楷模，奉行一夫一妻制。但是，在强调血脉的中国社会，封建朝代虽然亦实行一夫一妻制，但却加上了"多妾"的辅助安排，背后的考虑正是为了尽量避免绝后问题——尤其是贵族公卿、富商巨贾，因为在当时的社会只有他们才负担得起纳妾。血脉延续是中国文化中的重要组成部分，甚至可说是处于至高无上的位置。

由此我们可以看到，古代中西社会虽然均奉行一夫一妻制，并强调夫妻一体，例如英国的普通法中视妻子与丈夫为一体，而中国文化的夫妻结合，其实亦强调门当户对的夫妻一体，甚至死后亦有夫妻同椁的做法（妾侍则不能有这样的"待遇"）。但这种所谓夫妻一体，其实只是"男人的一体"而已。由是之故，在财产继承上，只能保留在父系一方之中，女方无权置喙。简单来说，在视妻子为丈夫一体的情况下，若然丈夫去世，寡妻不享有丈夫财产的继承权。即是说，就算遗孀接管了丈夫名下的财产，她虽可享用，但却不能作出重大调配，只是"临时托管"而已。到她改嫁或去世时，若没血脉，则需交还给夫家其他血脉承继，这亦是传统父系传承的最大特征。

然而，这种财产继承的方式，自十九世纪妇女解放运动在欧洲兴起之后，便遭到巨大挑战。马克思主义认为，经济基础决定了上层建筑，要争取妇女地位平等，摆脱男性的支配，最重要的就是让她们获得经济独立，不至于要依靠于男性。法国著名女权主义者西蒙·波伏娃（Simone de Beauvoir）曾指出，就算是在高举一人一票的现代民主社会，受到更高层次的父权体制牵引，女性若没有经济独立、财政自主，想摆脱男性支配，得到真正解放，亦只是缘木求鱼。正因如此，妇女解放运动的其中一个重点，便是争取女性的继承权，以及以她们自身名义拥有财产的权利。

经过持续努力，以英国为首的西方社会，终于在 1893 年通过相关法律，实现了女性对财产的继承权、所有权和处置权等方面获得与男性平等的地位。即是说，女性（妻子）既享有独立的财产所有权与支配权，成为继承丈夫财产的最主要者和最优先者，而继承地位又较子孙血脉更高，与传统父子相传的继承原则截然不同。之后，这种更为公平的强调夫妻地位及权利对等制度，又随着妇女解放运动的不断深化，与现代化潮流结合在一起，先在欧洲落实下来，然后再推展至其不同殖民地上，之后又扩散至世界各个角落。中国的婚姻制度、女性地位和继承制度等，亦在这一现代化浪潮中受到同样的冲击和影响。

毫无疑问，强调男女平等，摒弃男尊女卑乃是社会进步的重要表现。然而，随着价值观念和社会制度的不断变迁，尤其在个人主义和浪漫主义笼罩之下，婚姻和家庭制度受到了各种各样的巨大挑战，其中最直接的表现，则是在"合则来，不合则去"的意识主导下，离婚率和再婚率大幅飙升，反映出传统的不离不弃的婚姻观念，已不合时宜。加上夫妻结合以浪漫爱情为核心，很多时候不再讲求门当户对，或"合两家之好"的安排，因而令财产传承关系变得纠缠纷乱。

简单地说，在现代社会，"夫妻一体"虽然仍属婚姻的重要内涵，但婚姻制度毕竟已出现重大蜕变，其中最重要的性质变化，则是在法律上给予了女性一方的实质保障，不只是上文提及在继承权利优先次序配偶高于子女血脉，尤其清楚地规定当"夫妻一体"破裂时，夫妻所拥有的财产必须作出合理的公平分配，让处于弱势的女方可以分享丈夫的财产。背后的考虑点则是因为，在一般情况下，丈夫在外打拼事业，妻子则留在家中相夫教子，但家庭其实是由夫妇共同建立，所以离婚后自然需要平分财产，而妻子所分的一份，则常被谑称为"分手费"。此点对巨富世家而言，无疑会觉得"肉痛"（不愿），令离婚或再婚问题变得复杂——因为争拗的不只是子女的抚养权，更有财产如何分配的问题。

事实上，中外社会有关富豪离婚需为前妻支付天文数字赡养费问题，常常成为传媒的焦点。举例说，美国石油大王哈罗德·哈姆（Harold Hamm）最近便因与妻子分手，被对方告上法庭要求平分丈夫名下财产，并需支付约 10 亿美元的赡养费。华人社会熟识的邓文迪，在与世界传媒巨擘鲁伯特·默多克（Rupert Murdoch）离婚后，也据说获得巨额"分手费"。

在香港，恒丰酒店李文华家族后人李建勤与妻子离婚，遭对方申索 55 亿元赡养费。双方在法庭上经过一轮唇枪舌剑后，其前妻获判 14 亿元赔偿，为数甚巨。李建勤以计算方法出错上诉，获减至 5.2 亿元，数目仍属不少。不用说，对于因爱成恨踏上离婚之路后要支付女方巨额"分手费"一事，男方明显极不愿意，觉得是"平白"被分薄了个人名下的财产，法庭上的激烈争拗，则是最好说明。

一个不容忽视并十分尖锐的问题是，日趋频仍的"离婚后妻子可以分去一半身家"的问题，看来已经成为困扰不少世家大族的重大问题，他们乃不得不作出深入思量，甚至作出各种重要部署。至于如何平衡利害得失，及早另作绸缪应对，相信会成为他们内心绸缪的重点所在。

简单地说，利用婚姻制度的男女结合，最主要目的是为了以合乎正统的方式延续血脉、承先继后，当然还有其他诸如情感寄托、心理与生理满足等。至于以非婚生育（即育有私生子）的方法，亦能达至延续血脉的目的，但在不少层面上却会遇到各种挑战，衍生出诸多不容忽略的社会、道德及继承等问题，所以婚姻仍是现代社会最主要的延续血脉方法。

现时，为了避免夫妻离异时的"分身家"争夺财产效应，西方社会近年兴起了男女双方在结婚之前签订"婚前协议"（prenuptial agreement）的方式。但这种事先张扬的做法，明显存在不少问题。不要说一开始即会损害双方感情和互信，令人觉得其结合并非出于无条件的真爱和奉献，而是诸多计算与提防；实际上又不能完全排除被分身家的问题，所产生的潜在问题和风险其实不少。因而不难想象地会促使那些巨富家族另作绸缪，寻找新蹊径。至于现时社会较多人采取的方法，则是不进入婚姻制度。

扼要地说，则是男女双方虽然走在一起，甚至同居生活，但不再以婚姻为归宿，而是以有实无名的形式处理。最突出的例子是男女双方仍以朋友身份见诸社会，女方就算为男方生了不少子女，而男方又确认了女方所生子女的身份，但双方仍只是"朋友"而已。另一种方法则是男方聘请女方代为生育，事后男方进行经济补偿，认领血脉，女方则在"货银两讫"后不留痕迹地离去，连男方是谁亦不知道，此即俗称的"代母生育"。

由此，我们可以粗略地看到，在现今社会，对于那些身家财富丰厚的人而言，婚姻制度已不如过去般可以成为牢牢维持父系继承传统的工具。恰好相反，由于妻子的继承地位及权利已经得到了相当实质的保障，甚至超过了血脉的地位，自然会一方面纾缓女性渴求母凭子贵的追求（或反过来说削弱了子为母张的冲动），另一方面则会引起男性家长的注意和忧虑。

可以这样说，在一般情况下，当作为富豪的丈夫去世后，大部分财产会落入寡妻手中。如若寡妻没有改嫁，继续照料与丈夫所生的血脉，并在本身去世后又将其遗产传给了与丈夫所生的血脉，那实在问题不大。但是，若然寡妻改嫁，那便有可能令前夫留下的财产，转到非前夫血脉者手中，这种局面或潜在风险，无疑不是前夫生前所愿见。

换个角度说，现今社会的婚姻已不如过去般牢不可破，"因误解而结合，因了解而分开"的离婚收场，已不是令人大惊小怪之事。到离婚时更绝不会简单地只是"挥一挥衣袖，不带走一片云彩"，而是多数会争吵一番，甚至反目相视。财富丰厚的夫妻，更难免在离异时提出"分身家"的要求。正因如此，不少富有家族必然会对婚姻有一定戒心。

如果是在白手兴家的阶段，他们不知道自己的事业日后可以有多风光，亦为了延续血脉之故，当然不会担心婚姻制度的潜在制约。但如果已经富甲一方之时仍属单身，则必然会认真考虑如果决定结婚，婚姻将会带来的"分家产"潜在威胁。至于拒绝结婚，不进入婚姻制度，然后利用各种非婚姻关系，生育子女、延续血脉，则成为某些巨富家族近年较常用的手段。

新观念对婚姻制度的冲击

在新时代汹涌洪流的不断冲击下，中国传统文化及价值观已经有了巨大变化，唯对于血脉延续的情意结，看来则仍然坚如磐石，基本上没有太大改变。简单地说，在现代社会，对于世家大族而言，婚姻的"合两家之好"优势已大不如前，至于婚姻带来的价值或功能诸如情感、心理与生理满足等，则已变得并非无可取代。反而婚姻所带来的潜在风险，或是需要支付的潜在代价，则变得极为高昂。偶有不慎，很可能会产生严重后果，所以成为不少巨富内心不能不防的危机或威胁。

此外，由于生育科技的一日千里，利用"代母生育"或其他方式延续血脉已经变得轻而易举，某些地方更属合乎法律之事，加上相关费用亦不再如过去般高昂，尤其可在性别及其他诸如优生条件上存在有利条件，因而吸引了富豪家族的垂青。即是说，利用新的生育方法，巨富家族可以轻易解决千百年来令人困扰的血脉问题，所以原则上可以不用走上婚姻结合之路。

事实上，在社会急速转变的年代，一方面是婚姻的吸引力大减，另一方面是生育科技的提升，加上在个人主义挂帅下道德制约（有些国家则包括了法律）的迅速褪色，不进入婚姻制度而能延续血脉，已经不是天方夜谭或是会受到社会严厉谴责之事。此举更可减少家族财产因为丈夫去世或离异而遭妻子分薄的风险，所以可谓吸引力巨大，成为近年富豪圈内先后跟随、有样学样的举动，甚至可说蔚然成风，变成了一种值得深入研究的特殊现象。

为了进一步说明这一特殊现象，我们将以匿名方式，列举部分香港富有家族近年在婚姻和血脉安排上的反传统选择或做法（见表8–1）。一来揭示当中的特点和微妙转变，二来则深入分析他们心中的某些重要顾虑和思考，从而初步探讨由此产生的潜在问题。

富豪A现时已年近九十，本身来自大家族，早年努力打拼，发迹初期娶妻，妻子来自另一世家大族，算是门当户对的结合。两人婚后育有一子一女，儿子成年时因车祸去世，他后来另立继室，育有一子多女，家族可谓人丁不少。虽则如此，富豪A日后又先后纳有两名姨太（当年香港仍因循《大清律例》，容许男子纳妾），而她们又为富豪A诞下多名子女，乃妻妾子女成群的最好例子。虽然妻妾子女间时有不同争拗，或是争风吃醋，但富豪A基本上能够驾驭自如。到晚年时，富豪A鉴于年老力弱之故，进行分家析产。表面上看，无论元配一房，乃至继室及妻太各房等，均获分赠企业股份和财产，算是无分嫡庶、平等看待，但背后的矛盾，则非外人可以轻易察觉。

表 8–1　香港大富家族在家庭与血脉延续上的另类安排 *

富豪	年龄	婚姻状况	子女状况
A	年近九十	·元配来自另一世家大族，已逝 另立继室 ·纳有两名姨太	·元配育一子一女，子已逝 ·继室育一子多女 ·两名姨太各育多名子女
B	年过八十	·妻子在创业时提供不少助力，后自杀身亡 ·有一位亲密"红颜知己" ·没再婚	·元配育两子
C	八十多岁	·致富后娶妻，后离婚 ·没再婚	·元配育两子两女
D	年近八十	·有两段婚姻，均离异告终 ·有女友多名 ·没再婚	·其前妻或前女友们诞下多名子女
E	年近七十	·与妻子一起创业，后离婚 ·妻子获巨额"分手费" ·有女友多名 ·没再婚	·元配育一子一女 ·女友诞下多名子女
F	年近六十	·娶妻，后离婚 ·有女友多名 ·没再婚	·元配育五名子女 ·女友诞下子女
G	年过五十	·从未结婚	·由"代母"生下三子
H	年过四十	·有女友多名 ·从未结婚	·女友诞下三子

* 本表所述的年龄参照年份为 2016 年

富豪 B 现时已年过八十，早年创业时得妻子不少助力，而妻子更为他诞下两子，属于贤妻良母类别，社会甚至认为富豪 B 的商业王国乃夫妻共同努力的结果，并非富豪 B 的一人之功。但是，事业有成、富甲一方之后，富豪 B 与妻子之间的关系则发生变化，其妻最后甚至谜一样地自寻短见，自杀身亡。妻子死后，富豪 B 一直保持单身，后来虽有一亲密而稳定的女朋友，但那位被大众传媒称为富豪 B "红颜知己"的女朋友，却始终没有成为富豪 B 名正言顺的太太，即是说富豪 B 并没选择踏上再婚之路。

富豪 C 现时已八十多岁，创业致富后娶妻，妻子为他诞下两子两女，后来夫妻之间据说因为性格不合、感情有变而离婚收场。唯当年女方没在离去时要求巨额"分手费"（或者有，但私下解决，所以社会毫无所知），而富豪 C 之后一直保持单身，没有再婚，身边亦鲜有出现女伴身影，更没有传出什么感情方面的"花边"或"八卦"新闻，这实属单身富豪中极为少见的现象。

富豪 D 现时年近八十，生于大富之家，但选择自立门户、另闯天地，成绩亦相当突出。早年，富豪 D 以"花花公子"的形象出现于大小社交场合，身边经常女伴簇拥。虽然他先后经历两段婚姻，但均以离异告终，之后便一直保持单身，唯身边仍时刻有女友围绕。据说，由于富豪 D 担心个人财产被妻子或情人分薄，所以在与女方结婚或一起生活时，总会要求女方签订类似"婚前协议"的法律文件。正因如此，那些曾与富豪 D 一起生活后分手的女人们，一般难以染指其财产，而其前妻或前女友们为他诞下的多名子女，均获富豪 D 确认为他本人亲身子血脉，所以能获生活上的照顾，长大后更能在富豪 D 的企业中工作，甚至已安排他们接班。

富豪 E 现时近七十岁，早年与妻子一起创业，所以妻子在企业中扮演重要角色，亦有不少股份，而妻子更为他诞下一子一女。可惜后来夫妻间感情生变，并离婚收场，妻子亦获巨额"分手费"，加上自身持有的公司股份，名下财产丰厚。唯她离婚不久即去世，名下财产则悉数由其一子一女继承。恢复单身的富豪 E，虽然身边不乏女伴，但选择不再结婚，其众多的女伴中，有些甘愿以"女朋友"的身份为富豪 E 诞下子女，而大家更甘之如饴，且毫不避嫌地在公众场合出现。至于富豪 E 对于多位女朋友亦表现得十分慷慨，往往会赠予巨额钱财物业，对女朋友及其子女亦表现得十分照顾疼惜。

富豪 F 现时年近六十，生于大富之家，协助打理家族企业，成年后娶妻。妻子先后为他诞下多名子女，但两人感情后来生变，最后离婚收场。前妻虽获一定"分手费"，但具体数目则没有向外透露。前妻分手后据说仍对富豪 F 的母亲表现孝顺，如昔日般经常照料。之后，富豪 F 身边同样常有女伴，有些甚至为他诞下子女，但他始终没有选择再婚。

富豪 G 年过五十，生于大富之家，协助父亲打理家族企业，为人低调，并一直保持单身，身边亦甚少传出恋情等消息。直至早前，富豪 G 据说在美国找了不知名的"代母"为他生下三子，延续血脉。消息轰动香港，引起一阵热议。而富豪 G 自然被认为从此会父兼母职，独力抚养三子。

富豪 H 年过四十，生于大富之家，但选择自立门户，并凭个人出色财技，加上家族名望与地位的靠山，取得了突出成绩。事业上虽然点石成金，但感情上却迟迟未见开花结果，一直维持单身，所以富豪 H 长期被社会形容为"钻石王老五"，特别吸引传媒焦点。事实上，富豪 H 常常传出恋情方面的消息，但似乎都只属八卦新闻而已。后来，富豪 H 恋上年轻电影女明星，而对方更在没名没分之下先后为他诞下三子，唯结果却并非社会常说的"奉子成亲"，获得名分，反而是以分手收场。而女方所生的三子，全由富豪 H 抚养，带有俗语所说的"要子不要母"的意味。

这样的例子我们当然还可以举出很多，但因篇幅所限不能尽录。尽管如此，我们必须指出，以上的事例应该只是富豪家族圈子中的冰山一角而已，因为他们乃社会中较让人熟识的名字或面孔，并常吸引传媒追逐，所以我们才可知道得较多一些，真实情况应该更为普遍。至于这种现象的背后，则可粗略揭示出如下多个耐人寻味的问题。

其一是确保血脉延续仍是巨贾家族一直高度重视、拳拳在念的重要考虑。儿子的数目虽非如过去般强调多子多孙，但亦不能只限于一名而已。如果只有一名儿子，他们往往会想方设法，希望可多生一些。这表示当养儿育女不再成为经济负担，或是不受诸如计划生育制度的制约时，传统多子多孙的观念仍深深刻于他们的骨髓中。

其二是对婚姻的看法已有巨大改变。过去，男大当婚、女大当嫁实属平常，但在现代社会，尤其在巨贾家族圈子中，对娶妻的考虑明显较多。简单地说，尽管婚姻或者可被视作组成联盟的工具，但若不能门当户对，则带出结婚后有可能被妻子分身家的问题，成为不容低估的风险。所以我们可以看到：一方面，当富豪离婚或丧偶之后，他们一般不大愿意选择再婚，原因看来当然是担心续弦后，妻子会分薄其财产。当然，其他原因诸如担心续弦会令家族内部关系和矛盾变得更为纠缠复杂等，亦是不容低估的。另一方面，年轻富豪亦宁可选择不进入婚姻的制度，放弃婚姻。其主要考虑点或许与前者没有分别，担心对方是"慕财而来"。而为了解决延续血脉问题的方法，则是聘请"代母生育"，或是以"类似婚姻"的方法生育。无论如何，在巨贾家族的心目中，婚姻的价值已大不如前，某些功能更可轻易被替代，所以他们会采取各种成本相对较低的方法逃避。

其三是对"类似婚姻"（即没有注册结婚的男女关系）安排的独有偏好。众所周知，上一代富豪因为当时社会容许纳妾，父系继承观念牢固，所以他们便有了妻妾成群，既达至精神、心灵与肉体上的寄托和满足，亦可为他们多诞血脉后代。纳妾制度被废止后，巨贾乃改头换面地以结交"女朋友"的方法代替，唯在这种安排之下所给予女方的法律保障，显然较过去妾侍的身份还要低，但却可以防止富有家族的身家财富被分薄，所以便受到不少巨贾的欢迎，蔚然成风。

其四是通过"代母生育"延续血脉的方式将会日趋频繁。虽然"代母生育"的做法在不少社会属于违法行为，又不合伦理道德，但其极为特殊的某些前文曾经提及的优势，绝对会吸引富有家族的注意。当然，社会亦会对"代母生育"所产生的各种诸如孩子身心与人际关系有可能出现偏差等问题，提出多种质疑，但相信仍难以扭转"代母生育"只会日趋频繁的现实。事实上，"代母生育"问题真正是十分清晰和直接地反映了社会中确实有不少人不愿进入婚姻制度，并间接说明在富有家族心目中，婚姻的成本太高，而吸引力则大大减少了。

其五是在家业传承上仍执着于血脉。富有家族富甲一方后，对于名下财富的传承明显尤为重视。若然在致富之后仍属单身，他们愿意进入婚姻制度的机会或动力则明显被削弱，或反过来说，婚姻给他们带来分薄名下财产、影响传承的风险较高。当然，如果他们当时仍然无后，为了追求血脉之后，他们或会选择结婚，但现时社会的各种有助其延续血脉的方法（"代母生育"或"类似婚姻"），却又给了他们很多不错的选择，所以他们便有了更多不进入婚姻制度但又可以延续血脉的动机。由此引申出来的核心问题，是富有家族在家业传承问题上，仍然执着于血脉，为了确保父系血脉的传承，不惜牺牲婚姻。

概括而言，在信息流通变得无远弗届、瞬间能够沟通联系的全球化新时代，不但人与人之间的关系发生了巨大转变，社会的各种制度、价值观念和道德伦理等，亦同时出现不同面向的变迁，其中的血脉观念和婚姻制度亦难以不受冲击。从香港富有家族的应对方法上看，他们对于延续血脉的看法，本质上仍然执着，唯对婚姻的看法则变化不少。而应对方法，一方面是利用科技之利，以"代母生育"确保本身血脉延续；另一方面则是尽量不进入婚姻制度，宁可以"类似婚姻"的方法，满足个人各种婚姻应有的需求，但却逃避各种婚姻应有的责任，从而巩固父系传承的传统，防止名下财产被妻子分薄，或是在自身去世后落入非其血脉者手中。

血脉与爱情的不同追求和变迁

对于香港不少富有家族重血脉、轻婚姻的种种举动，如果我们将之放到马斯洛需求层次理论中，则可看到当中的核心所在。按照需求层次理论，人类活着，首先必须满足最基本的生理和安全需求，接着便会追求爱、隶属及接纳等较高层次的需求，而之后则会追求社会尊重、自我实现等。马斯洛虽没特别指出，但却属于人类共同最高追求层次的，则无疑是个体逝世后，如何才能得享永恒不朽的问题。

当然，正如前文提及，由于不同文化或社会对何谓永恒不朽的问题持有不同看法，大家争取如何满足其需求的方法乃各有不同。在中国文化中，由于永恒不朽的核心放在血脉里，所以必然视血脉为至高无上的事情，不容有失，既对无后问题十分在意，亦对财产如何传承极为关注，其心目中的位置和优先次序，自然亦会远比追求爱情与隶属的需求为高，在抉择上则会出现轻重优次之别。

由追求血脉情意结，牵扯出来的另一深层次问题，则是家产的分配和继承问题，而传统上的父系继承，无疑与随父居、跟父姓等父权传统一脉相承，被视为乃强化血脉延续的重要部分。但现代西方社会所强调的"夫妻一体"观念，令夫妻关系置于传统的父子之上，自然会改变传承接班问题。

更须注意的是，随着时代前进与价值观变迁，追求血脉延续的情怀，虽然出现一些强弱高低的变化，但本质上说则历久不变、一如过往。即是说，血脉延续仍属多数中国人追求永恒不朽的重中之重。但是，夫妻关系或爱情，则可谓变迁急剧而巨大。扼要地说，在传统社会夫妻关系并不平等，妻只为夫的附属，既较少渗入爱情的成分，夫妻离异亦不多见。就算是离婚，家产亦极少会流入妻子一方手中，仍可牢固地留在夫家，显示婚姻关系并不会给家族财产传承（即父系继承）带来威胁。

然而，进入现代社会之后，一方面是夫妻关系日趋平等，女性权利与地位获得一定改善与法律保障，另一方面则是爱情观念很多时候成为男女结合的重要元素，所以当爱情激情不再时，容易出现各走各路的离婚收场，令离婚率大升，而夫妻反目后，又较容易跌进"拆伙计数、分清份额"的局面，更不用说离婚再嫁或寡妻改嫁的情况，已不如传统社会般视为禁忌。如此种种，则无疑成为父系继承的重大挑战，对于家财丰厚的富有家族而言，尤其会被视为分薄身家财富的一种巨大"威胁"，并会促使他们作出种种提防。

正如前文提及，婚姻制度作为确保人类社会可持续发展的重要组成部分，是因为它乃合乎伦常与道统的孕育后代血脉最重要方法，舍此方法所诞生的子女，则很容易滋生各种社会问题，引起矛盾和争议。可是，现代社会不断发展的其中一个最大特色，则是颠覆传统、打破常规，科技的一日千里，政治、经济及社会环境的急剧变化，尤其令传统制度与价值观念备受冲击，婚姻制度自然亦无法独善其身，必须与时并进。

毋庸置疑的现实是，当婚姻制度给予女性一方愈来愈多的法律保障时，便无可避免地会对父系继承传统带来挑战，甚至被认为是一种威胁。于是，在那些拥有巨额财富的男性眼中，追求爱情、选择婚姻，便须考虑付出代价——所以不能只想到热恋相爱时的幸福甜蜜、无分你我，而必然需要想到有朝一日失去激情后的相见如同陌路，伤心苦涩，甚至可能出现的争夺财产局面。正因如此，不少富有家族很可能会对是否要进入婚姻制度的问题作反复思考，部分人士却步不前，宁可保持单身，就不难理解了。

即是说，不进入婚姻制度，以避免家产被拥有妻子名分者分薄，乃某些家财丰厚人士的其中一种应变之道，至于如何解决血脉延续的问题，则不外乎是前文提及的两大方法："代母生育"与"类似婚姻"。前者明显将生育变成了赤裸裸的交易，存在严重的道德问题，而法律上亦有很大灰色地带，社会争议极大；后者虽带有传统社会妾侍的影子，亦存在一些道德和法律问题，但争议尚不太大。这样的应对之道，尽管并不理想，问题不少，但相信日后仍会受那些对婚姻有抗拒看法的富有家族的欢迎。

概括地说，一方面，现今社会的男女平权虽然已经取得不少实质改善，令进入婚姻制度的夫妻关系和权责等，得到法律上的保障，但无可避免地会被那些拥有巨额身家财富人士当作父系传承的潜在威胁。另一方面，对血脉延续的追求虽有一些程度上的变化，但本质上并没有改变。因此我们可以想见，当富有家族可以找到其他表面"成本"较低的方法，既可解决血脉延续问题，又可避免父系传承受到冲击，而进入婚姻制度的代价又相对较高时，他们进入婚姻制度受其制约的动机必然下降。出现这种变化的效果或影响，现时尚未完全浮现，但却很值得日后再作深入探讨。

本章结语

毫无疑问，婚姻制度乃人类历史中的一种古老制度，组成婚姻联盟更有不少优势。站在父权主义立场，这种制度的功能或作用，无疑是血脉延续，令其子孙后代能够绵延不绝、千秋万代。而华人社会又与信奉基督救赎从而获得永生的西方文化不同，特别重视血脉延续以达至永恒不朽的观念，因而血脉延续问题最为受到重视。至于与血脉延续互为表里的核心内涵，除了跟父姓、随父居，当然还有家业财产的父系传承，不落入外人手中。诚然，吸纳他人之力以壮大家业虽然亦极为重要，但在比对之下则退居次席。

必须注意的是，在传统社会，受父权的主导和制约，婚姻制度不会被视为对父系传承的挑战和威胁，反而能够与之配合、相辅相成，所以相安无事，婚姻联盟乃广被采用。但是，在现代社会，由于父权弱化，提倡男女平等，在婚姻制度中给予了妻子一方前所未有的法律保障，因而难免引起那些拥有巨额财富男性一方的疑虑。婚姻毕竟只是一种契约关系，可结便可解、会合亦会离，不若血脉关系般乃天然关系，没法改变割离。所以富豪一来会担心名下财富因感情不再，离婚时被原本视为另一半者摊薄；二来则忧虑当本身去世后，若然原来的另一半改嫁或再婚，名下财产有可能落入非其血脉者手中，自己的血脉反而未能得到保障。因此他们想方设法，力求摆脱婚姻制度的制约，从而延续自己心目中的传承方向。

由于在现今全球化的世界中，社会伦理和道德价值等已经出现了巨大变迁，失去昔日的巨大主导力量和潜移默化作用，加上科技一日千里，就算不进入婚姻制度，亦能利用"类婚姻"或"代母生育"形式确保血脉延续，所以部分富有家族在深思细虑之后，为了避免名下财产可能要与妻子对分，或是悉数落入妻子手中，乃选择了超传统的方法应对，哪怕这些方法存在不少道德争议，亦潜藏不少家族及社会问题。可以预测的是，在现今这个急速转变的新时代，传统道德制约力量趋弱，以超传统方式延续血脉的方式相信仍会受到不少富有家族的欢迎。

最后，让我们回到亨利八世的历史中。他死后，年仅9岁的爱德华即位为爱德华六世（Edward VI），但在 15 岁成年前驾崩，未留有任何子女。他死前修改《继承法》，将王位传予同样信仰新教的表亲珍·葛雷（Jane Grey），但珍·葛雷执政九日即被爱德华之姐玛丽推翻，并处以死刑。玛丽随即称帝，是为玛丽一世（Mary I）。玛丽女王在位六年，除了因捕杀新教徒而得到"血腥玛丽"的称号外，同样无嗣而终。最后由亨利八世的三女伊丽莎白登基，也就是英国史上享有贤名的伊丽莎白一世（Elizabeth I）。在她领导下，英国进入"黄金时代"盛世。但或许受父亲执着求子的态度或父母婚姻血腥的结局影响（母被父杀），她选择终身不婚不嗣，都铎王朝从此而绝。

亨利八世不惜背叛教廷、违背信仰、多次结婚与杀妻，终极追求的，就是希望由子孙继承，以期都铎王朝永固。偏偏历史和他开了一个大玩笑，他的儿子没法好好带领王朝走下去；而被他驱逐和贬谪为私生女的，登位后表现极优异，却因绝嗣而令王朝灭亡，使得亨利八世的所有谋划尽成泡影。或许，个人的机关算尽，若严重违背了一时一地的律法、道德、文化、传统、人伦，哪怕是君临天下，恐怕亦难逃家亡人散的命运，枉费了半世心。亨利八世的一生，应可作为智者之鉴。

第九章

股票市场：家族企业壮大的舞台

脱私为公的超越路径

· 非上市公司常被贴上负面标签：（1）资本实力薄弱；（2）治理不透明；（3）发展空间有限；（4）重视家族利益。

· 上市公司则往往具有如下形象：（1）资本雄厚；（2）治理公开透明；（3）发展空间广大；（4）有潜力成为跨国企业；（5）对专业人才吸引力强。

· 上市后的华人家族企业，某些负面形象仍然挥之不去：因为重视家族利益。

· 华人家族企业可以凭借资本市场实现跨越式增长，但"血脉至上"的特质，却让其难以摆脱"一切以家族利益为重"的形象。

亚洲经济奇迹与家族企业

第二次世界大战结束后，部分东南亚经济体，在殖民地宗主国的势力或地缘政治的牵引下坐享欧美的富裕消费市场机遇，加上本身社会相对稳定、政府高效、人民吃苦耐劳等因素，经济发展取得骄人成绩，家族企业亦如雨后春笋般茁壮成长。先有"亚洲四小龙"（韩国、中国台湾、中国香港和新加坡），后有"亚洲四小虎"（泰国、马来西亚、印度尼西亚和菲律宾），被誉为亚洲经济奇迹。中国自 1978 年改革开放以来，经济发展取得了举世瞩目的成就，2010 年超过日本成为世界第二大经济体，被誉为"中国奇迹"。亚洲国家在资源相对缺乏的情况下，经济却能快速增长，故亚洲经济模式开始吸引国际社会的重视及研究。

不过，在主导世界政经秩序的西方社会眼中，亚洲这些由家族企业主导的经济体（除日本外），虽然近年来表现亮丽，但只属海市蜃楼或浮沙城堡而已。有论者甚至认为，这样的发展格局既不会长久，亦经不起时间考验，所以不值一提。美国著名经济学家保罗·克鲁格曼（Paul Krugman）曾质疑亚洲的发展实际仅为"神话"而已，西方社会不必重视。他甚至辛辣地指出，这个"神话"并非建立于智慧之上，而是建立在人民的血汗上而已，意思是其经济发展，只是停留在以廉价劳力换取经济增长的原始资本积累层次，没有带来技术或体制（如金融）层面的提升。

有些论述甚至将亚洲的发展描绘为只有资源垄断的范例（政治及社会制度失败）。其中乔·史塔威尔（Joe Studwell）的《亚洲教父：透视香港与东南亚的金权游戏》一书，便直指这些社会存在着走私和黑社会的交缠，以及政商之间过从甚密，他甚至以"教父"（原本用来描述意大利西西里岛的黑社会老大）一词称呼那些华人知名企业家。

家族企业的特殊主义

亚洲社会经济的发展成绩，没有被欧美社会看上眼，当然有其文化本位主义偏见的存在，但不可否认的是，华人家族企业的经营模式确实存在不少问题。如不少研究都指出华人家族企业存在资金薄弱、任人唯亲、过分重视人情、忽视制度建设、压制人才成长等缺点，既窒碍企业的发展规模，亦令外界对华人家族企业产生负面印象。

正因华人家族企业蒙上污名，就连家族本身亦会认为，家族企业是落后的代名词，故近年有些家族想方设法将家族企业"去家族化"，期望洗刷落后的观感，一句话，就是不要有家族色彩。最常见的做法就是从企业包装和管理模式上入手。然而，很多案例表明，欧美所强调的公司"所有权与经营权分离"的做法，较难在华人社会得到真正落实。问题关键所在与高度强调特殊主义有关，而所谓特殊主义（particularism），扼要地说便是高举血脉至上和家族本位的旗帜。

家族贡献的边际优势

虽然家族企业常给人多重负面的印象，但我们不能一叶蔽目、以偏概全，认为家族企业一无是处，否认这种最为"原始"的商业组织。因为家族企业自人类社会有记录以来可以说是历久不衰、普遍存在，且曾经书写过大小传奇，必然有其正面力量。当中最为人津津乐道及最常被引述的，当然是白手兴家的故事。

一般情况下，第一代创业者多属身无长物的穷小子，但却敢闯敢拼，具有希望改善自身及家人穷困环境的决心与意志。加上一家人胼手胝足、同心协力，以父子兵、夫妻档或兄弟帮等各种形式在商场上冲锋陷阵，最后将小公司发展成大企业。至于他们成功的关键，就在于血脉相连、亲人关系紧密，产生坚实的互信及凝聚力，所以办事效率高、行动速度快、应对危机灵活，能够在商场上抢占先机，击败竞争对手，争取好业绩。

这意味着，以家族为本位、强调血脉至上的企业组织，在始创阶段无疑具有无与伦比的突出优势。但是，同样不容否认的则是，这种模式的组织想要继续发展下去，如果只依赖家族成员的努力与贡献，甚至只顾家族利益，不进行调整，其边际优势必然会逐步下滑。到了某个阶段，因为太多家族成员（尤其二、三、四代及姻亲成员）跻身管理层，无论是打拼事业的决心，或是亲人互信关系等，均远无第一代那么坚固强烈，因而容易诱发家族内部的明争暗斗，最终削弱家族企业的竞争优势，严重者甚至会令家族企业走向分崩离析的败局。

同样不容忽略的是，如果将所有家族成员及财富聚集在家族企业中，很自然会出现人力资源及经济资源过度集中的问题。从投资学角度看，这种情况显然是"将所有鸡蛋放在一个篮子里"。在风险过高的情况下，一旦遇到重大变故，难有回旋空间，不利于家族及企业的可持续发展。可见，到了某个发展阶段，以家族为本、高举血脉至上旗帜的企业，必然因为出现各种问题或困难而"行人止步"，不但动力减弱，很多问题更会令其难以再有突破或超越。至于其主要障碍，还是出在高度强调特殊主义的问题上。

家族企业如何能够超越，走出特殊主义的窠臼呢？对于这个问题，社会学的直接讨论虽然不多，但其触及的部分，却又一针见血、直指核心，尤其值得我们注意和深思。马克思曾指出，以私有产权为基石的资本主义，其发展必然难以长久，最后会被社会主义取代。

　　社会学大师马克斯·韦伯则从另一角度提出了如何令家族企业超越的关键。在《新教伦理与资本主义精神》一书中，韦伯在阐述现代资本主义在西方兴起时，提及中华大地未能踏上相同发展台阶的问题时曾精辟地指出，重要障碍在于中国社会仍停留在血脉团体（community of blood）阶段，西方则已进入了信众团体（community of faith）阶段。扼要地说，前者强调只信任亲人，对社会上的普罗大众则缺乏信任；后者对亲人的信任没有前者强，但对社会上的普罗大众则较为信任。这种说法，与美籍日裔学者弗朗西斯·福山（Francis Fukuyama）将中国归类为低信任度社会，陌生人之间缺乏互信，只有具有血缘关系的家族亲属内部才有较强互信的论述，可谓异曲同工。这样的论述，同样突出了血脉至上的先天缺陷，过度重视或依靠自家人，将难以令家族的发展踏上更高的台阶。因此，如何摆脱血脉至上、家族本位的狭隘特殊主义，成为华人家族企业发展过程中必然面对的巨大鸿沟，能否放下私利和血脉执着，跨越特殊主义，自然成为它们的最大挑战。

　　从产权结构与现代管理学的角度看，公开上市、管理权与控股权分离，无疑是对症下药的两个重要处方。前者可让社会大众凭着认购股权的方法，成为公司股东，因而可让私有产权化为"公众产权"，令私人企业变成"公众公司"；后者可让非家族的专业职业经理人管理企业，在吸纳人才为企业所用之时，减少家族被指责将不贤不肖成员委任进管理层高位的唯血脉至上困境，让工作业绩卓越的非家族成员有机会进入管理层，从而提升治理和管理能力。我们将以 20 世纪 70 年代初中国香港股市迅速开放之时上市，日后出现脱胎换骨变化的企业案例，来说明家族企业上市后的发展进程，并阐述股票市场对促进家族企业踏上超越之路的积极作用。

企业上市的"从私到公"之路

20 世纪 70 年代之前，中国香港的股票市场尽管已经发展到了一定水平，但能够成功上市的华人家族企业仍属凤毛麟角。原因在于股票市场一直由英资商人垄断，规模弱小、财力有限的华人家族企业难以突围。20 世纪 60 年代末 70 年代初，股票市场发生戏剧性变化，不但垄断局面被打破，更在多方竞争下，上市门槛大降，大大小小的家族企业赶上车，纷纷投身股票市场融资。

在日后风高浪急的股票市场中，家族企业因本身投资眼光或时局变化而际遇各异，部分在大浪淘沙的过程中倒闭结业，被逼退出了商业舞台；但更多的上市企业，却能在上市之后获得广阔机遇，因而能够脱胎换骨，有了极为突出的动力和发展。他们成功利用股票市场吸纳的公众资本，支撑企业更大规模的投资，获取更多的利润，进而创造奇迹，一洗过去家族企业只是规模弱小，甚至只唯家族利益是图的形象。

为了进一步说明这一特殊发展过程，我们挑选了十家在香港股票市场急速转变时代上市的家族企业——新鸿基地产、长江实

业、恒基兆业地产（子公司恒基兆业发展的前身为永泰建业）、新
世界发展、合和实业、恒隆集团、信和地产投资（前身为尖沙咀置
业）、鹰君集团、华光地产及大昌集团作简要的发展分析。

　　在上市之前，不论是以资产总值、业务范围，或是以聘请的员
工数量做标准，以上十家公司仅属中等规模且均名不见经传，与当
时香港社会中的英资财团相比，实力与地位可谓天差地别，相去甚
远。可以这样说，由于财力有限，当遇到较大规模的发展项目时，
数家关系较好的企业往往会走在一起，成立一家新的合资公司共同
发展。项目完成而分配利润后，则将公司解散，大家各自寻找新的
投资目标。作为新鸿基地产前身的永业企业有限公司，就是其中最
具代表性的案例。

　　从这十家企业在 1972 年上市一年后的年报数据中不难发现，
它们最初的实力十分单薄。例如在总资产方面，最大的一家也不
过只有 6.9 亿港元而已，最小的一家则只有 6000 多万港元，其他
大多数在 2—3 亿港元之间（见表 9–1）。而上市的融资额，最高只
有 2 亿港元左右，最低只有数千万港元，一般是 1—2 亿港元之间，
这些数据清楚地表明，上市之前的家族企业，实在羽翼未丰，规模
有限。

　　事实上，如果我们细心查阅这十家企业当年上市时的业务介
绍，更会发现那时他们核心的地产开发业务大多只有单栋（幢）式
的十多层高小楼而已，规模和投资相当有限。有不愿透露身份的资
深地产界人士这样说道：

早期开发的地盘（建筑面积或范围）很小，行内人称之为
一两个 Number（号码）的投资，意思是一条街道上的一两个
门牌号码，不但占地面积很小，楼宇内外均没什么设计，亦没
什么设施，与今天的私人屋苑面积巨大、样样东西均十分讲究
完全没法相比。

大量华资企业蜂拥上市不久后的 1973 年，即遇上前所未见的
大型股灾，令很多投资者蒙受巨大损失，新崛起的华资地产商亦不

表 9-1　十家香港上市家族企业 1973—2015 年间资产净值

单位：亿港元

企业名称	1973 年	1975 年	1980 年	1985 年	1990 年	1995 年	2000 年	2005 年	2010 年	2015 年
新鸿基地产	2.59	3.24	11.9	37.2	209.7	968.7	1209.0	1501.5	2498.6	4745.1
长江实业	1.65	3.87	28.4	54.8	189.1	520.0	1593.2	1899.2	2695.1	5491.1
新世界发展	6.90	7.17	14.9	27.1	251.6	501.9	755.1	616.6	1116.9	1003.2
恒基兆业地产	0.64	0.70	3.58	31.9	107.5	433.2	581.5	667.0	1644.2	2512.5
合和实业	2.97	2.79	4.75	8.62	56.3	270.5	136.5	187.8	253.0	523.0
恒隆集团	3.52	3.74	5.40	32.5	134.3	375.0	192.9	228.4	971.7	1403.0
信和地产	0.44	0.44	1.90	1.25	40.2	239.7	135.6	289.3	611.5	1314.1
鹰君集团	0.64	0.70	6.89	4.48	40.2	158.6	173.9	262.5	287.6	628.2
华光地产	2.33	2.40	3.89	2.92	N.A.	N.A.	N.A.	N.A.	N.A.	N.A.
大昌集团	3.01	3.35	8.27	7.5	23.1	44.4	44.1	48.4	38.5	101.7

例外，受到巨大冲击。然而，由于他们的企业在股市炒得火热之时成功上市，吸纳了一定资本，当股市大跌，内外经济又因世界石油危机而陷入萧条期时，某些负债不重的企业，在别具慧眼的企业家带领下，反而利用地产市场正处低潮的千载良机，以较有吸引力的成本大量吸纳地皮，为下一阶段经济复苏时企业的飞跃发展储备更大的能量。郭得胜、李嘉诚、李兆基、陈曾熹、郑裕彤及胡应湘等目光如炬、沉着应战，便属其中最为突出的代表。

自 1975 年起，当全球经济逐步走出衰退的阴霾，而香港各行各业又转趋炽热时，地产市场亦步入长达五年的"大牛市"。由于这十家华资企业大部分在经济低潮期购入不少廉价地皮，因而能在市场复苏时捷足先登、先拔头筹。有人这样回忆道：

> 20 世纪 70 年代的市场低潮期，很多人对前景都看得很淡，地价很低，老板亦步步为营。买入荃湾一块极大的地皮后，老板告诉我，他已计算过各种成本，如果楼宇落成后能以每平方呎 140 元的价格出售，即可回本。但到了 1977 年首批楼宇快将落成出售时，每平方呎的售价已达 400 元，后来更升至 600 元，前来买楼的人甚至要在公司大楼的入口大排长龙。

当确定经济已走出谷底后，他们又利用股市集资的功能，采用"供股"或"配股"等方法，继续筹集公众资本，支持企业开发更大规模的地产项目，甚至是向那些经营不善但资产价值较高（尤其持有一定数量市区地皮）的企业发动收购，或是与之合并，壮大本身企业的力量。

进入20世纪80年代，本地工业在内地改革开放的政策下获得了经济转型的动力，发展重心逐渐北移，同时中英两国就香港回归问题展开谈判，华资与英资对中国香港的前途出现了颇为不同的看法。加上本地与环球经济结构的微妙转化，那些逐渐掌握金融市场窍门的华资企业家，已因觊觎某些英资洋行坐拥大量港岛黄金地段的珍贵地皮而暗中发动各种收购行动。

例如，曾传出数家华资地产商联手"围堵"英资龙头怡和集团的新闻，轰动中外社会。由于消息泄露，惊动了怡和集团高层，令对方作出防范，收购行动以失败告终。但其他实力较弱的英资企业如中华煤气、香港电灯、九龙货仓、和记黄埔、天星轮船、会德丰及青洲英坭等，则先后成为那些新崛起华资企业的"点心"遭到吞并，令华资企业的实力不断提升。换言之，到了20世纪90年代，这十家企业已壮大为跨国集团，摆脱了过去一直只停留在中小规模的局面，令人刮目相看。

到了2010年，这十家企业的总资产便以几何级数般上升。例如，新鸿基地产（不包括其他控股公司如数码通、九龙巴士等）的总资产已升至2498.6亿元，长江实业（不包括其他控股公司如和记黄埔、香港电灯等）则已升至2695.1亿元，新世界地产（不包括其他控股公司如周大福、新世界巴士、新世界电讯等）亦已升至1116.9亿元，恒基兆业地产（不包括其他控股公司如恒基兆业地产、香港中华煤气等）亦已升至 1644.2 亿元，其他如合和实业、恒隆集团、鹰君集团、信和地产及大昌集团等总资产同样大幅增长，显示这些企业上市后经历了迅速扩张与发展。

三大优势：资本足、信心强和拓展空间大

针对华资企业上市后实力大增的情况，合和实业集团主席胡应湘在接受笔者访谈时说道：

就我自己的观察及经验，在这一百年左右时间中，根据西欧的经验，最初的企业开始时都是家族形式。什么是家族？即只是一个人的企业，或者再发展至规模大一点的，成为有其他股东（几个人）合伙一起干的。这个阶段最多只不过是合伙。到第二次世界大战结束为止，在香港企业基本上仍是家族式的店铺或者是拍档（伙伴）式的。而在西方，随着公众公司的出现，将股份拥有人变成很多人，加上证券交易所，让股份可以买卖流通。那些企业为何由家族、拍档走向股份制呢？就是因为资金供应的问题。因为拍档式的组合，需要几个人志同道合，计划着长期的合作，才能成功。（合股）开酒楼便是这样的例子，酒楼由十多人、二十人组成，每人参与一点工作。这样的规模和个人接触有关系，所以规模一定不会太大。

一直到股份制的出现，随着股份可以自由买卖，吸纳公众资金，企业才能大起来。

简单而言，有了股票市场这个重要的现代金融制度，这十家上市企业在 20 世纪 70 年代上市，并在后来的四十多年间，获得了巨大的发展动力，就连企业运营与治理，也产生了巨大变化，出现了名副其实的脱胎换骨。我们不难发现，本来单凭一个家族有限财力支持企业发展的格局，上市之后有了公众资金的支持，企业自然能够得到更为巨大的发展空间。家族拥有的股权纵使在此过程中不断被摊薄，但所获得的资本，却在企业发展过程中不断增长。例如，当企业市值只有 1 亿元之时，就算家族占有九成股份，家族的财富净值也只是 9000 万元而已，但当企业上市后总市值增长至十亿或百亿元之后，尽管家族只占有二成股权，其财产亦有 2 亿元至 20 亿元之巨。企业上市后，控股家族的财富自然会水涨船高。

如果我们细心思考这种发展动力背后的原因则不难发现，一般而言，上市后的家族企业总是具有资本足、信心强和拓展空间大这三个环环紧扣的特质和元素。

在资本方面，家族企业上市后，由于"从私到公"，企业只为单一股东服务的形象逐渐降低，兼顾公众利益的形象则骤升，因此能够吸引源源不绝的公众投资者，不再如过去般受资本匮乏的约束，而"财雄势大"的结果，自然使企业有了更为巨大的发展动力，不断取得突破，书写传奇。

在信心方面，上市后的企业由于法律上已属公众公司，所以在企业运营、行政管理、人事任命及财务管理等方面，均须接受政府、公众及传媒等更严格的监察，因而能够令企业更为制度化，给公众投资者一个较为公开、透明的印象，有助其赢得社会信任与名声。这种肉眼不能见的社会资本，无论在协助企业开拓市场、赢取客户支持，或是争取更多发展机会等不同层面上，均会直接或间接地发挥影响力，给企业带来不容低估的裨益。

在拓展空间方面，上市后的企业，由于有了公众资本作为后盾的雄厚实力，可摆脱过去只属中小企业的形象，因此便能承担更大、更长远的投资项目，令其在投资方面可以发挥规模经济的优势——不但能够有更多条件争取压低成本，同时亦有更多筹码争取提高售价。扼要地说，即可为企业争取更大的绩效与利益。除此之外，上市后的企业能够拓展那些因为资本门槛高、投资期长，而回报一般更为稳定丰厚的项目，令企业在更大程度上与本身社会及经济体系相结合，甚至成为其中的核心力量，发展空间可以更为宽广，企业前景及机会有更大保障。

可以这样说，家族企业上市后，由于有了"从私到公"的重大性质变化，各种因"公"身份所产生或带来的优势，得以发挥出来。这股更为强大的力量，不但有助企业开拓扩张，就连运营与治理亦产生了巨大变化，从而提升了形象与影响力。控股家族自然亦同享其利，财富、声望或社会地位等均得到显著提升，令家族及企业出现名副其实的脱胎换骨现象。由此又带出另一项家族企业必须超越的元素——尽揽天下英才为企业发展作出贡献。

下放管理权以尽揽英才

正如前述，所有权与控制权的集中是华人家族企业中十分普遍的现象，令人产生华人家族企业过于重视家族利益、难以信赖非家族成员、公司治理欠缺透明，重大事务将非家族成员排除在外等负面印象，窒碍企业的发展和超越。由于所有权与控制权不分离的家族企业会抑制非家族成员的升迁和任命，因此削弱了非家族员工对企业的投入与委身，长远而言会窒碍企业对人才的吸收，不利于社会精英为企业所用，因而会局限企业的发展。

如果我们再以上文提及的十家企业为例，则会发现当中一些值得深思细虑的要点。扼要地说，自上市之后，由于企业不断壮大，附属、联营或控股等公司多不胜数，各项投资与发展计划又极为庞杂，家族企业的领导人明显意识到本身无论是专业知识或人力物力，均有不足，因而只能不断招兵买马。高学历和高技能的专业人才，自然成为他们重点招揽的对象，让那些非家族的高学历及专业人才成为建基立业、推动企业前进的骨干。一位曾经出任多家华资企业法律顾问的专业人士这样回应道：

> 他们（华资企业）进步得很快。初时，他们只是私人生

意，当时很传统，可以说是家庭式，和很熟的人一起做（合作）……一上市，我便解释给他们听，上市公司的责任很大，不再是私人公司，公司的钱不能拿来（作私人）用，那不再是你的钱，是公众的钱，他们对此转变得很快，也很明白……不少企业上市都找我们（专业人士）做股东，因他们担心会出错。我们提的专业意见，他们大部分都听（接纳）。后来，他们公司亦请了很多专业人士。

一位原本在政府部门工作的专业人士，对当年被刚上市企业的控股股东挖角，专业知识获得赏识，最后"跳槽"私人公司，并不断在企业内获得晋升，日后出任高管一事有如下忆述：

加入公司前，我是政府的注册工程师，持有 MIE、MICE 及 AP 牌（指拥有机械工程师、土木工程师及建筑师等专业资格），实在"职高粮准福利好"。可能因为早前曾处理过他们建筑方面的申请，他们来找我，想我转到他们的公司。那时他们的公司（规模）仍很小。我决定"跳槽"时，有政府的同事还一再叫我三思……加入公司后，由于我的专业资格高，早年给建筑设计师事务所做了很多工作，后来外包的业务开始收回来，然后组成附属公司，由我管理，并由我做最后审批，当时我一个人管理二十多个地盘……表现好，很容易获得赏识。

董事会构成之变

　　由于上市后的企业迅速发展，加上企业专业性提高，单靠家族成员实难应付，招聘专业人才为己用，自然成为趋势。为了说明上市企业对专业人才的器重，我们抽取 1972 年、1992 年及 2012 年各公司董事会成员的变动作一介绍。从表 9-2 中，我们可以清楚地看到，公司上市时，不少企业的董事会只有一两名家族成员而已，主席往往由创业企业家出任。董事会中家族成员比例较多的企业，很多是因为第二代已经长大成人，或是年轻时已随父打江山的缘故，其特色则是父亲出任主席，诸子女（以子为多）则分掌不同部门。例如，合和实业（主席为胡忠，子女胡文瀚、胡应湘及胡应滨则为董事会成员）、鹰君地产（主席为罗鹰石，妻子杜丽君及子女罗孔瑞、罗慧瑞、罗嘉瑞及罗康瑞则为董事会成员）及华光地产（主席为赵从衍，子女赵世彭、赵世光及赵世曾则为董事会成员）等。

　　虽则如此，如果以数量计，董事会内的非家族成员还是一般比家族成员要多。家族成员在董事会内的数目在 1972 年至 2012 年长达四十年间的变化，反映了家族的第二代（或第三代）已长大成人，并且正在安排接班（或已完成接班）。新鸿基地产的家族成员由 1972 年的 1 人增加至 1992 年的 4 人，2012 年维持 4 人；长江实业的家族成员由 1972 年的 2 人增加至 1992 年的 3 人，2012 年只有

2 人；恒基兆业地产由 1972 年的 1 人增加至 1992 年的 5 人，2012
年则有 3 人；鹰君集团的家族成员由 1972 年的 5 人增加至 1992 年
的 7 人，2012 年仍维持 7 人（见表 9–2）；以上这些例子，都是有
力的说明。

表 9–2　十家香港上市家族企业董事组合与数量之转变

（1972 年、1992 年及 2012 年）

企业名称	1972 年			1992 年			2012 年		
	家族成员	非家族成员	总数	家族成员	非家族成员	总数	家族成员	非家族成员	总数
新鸿基地产	1*	8	9	4*	9	13	4	17	21
长江实业	2*	3	5	3*	10	13	2	19	21
新世界发展	3	12*	15	3*	8	11	4	10	14
恒基兆业地产	1	3*	4	5*	11	16	3	19	22
合和实业	4*	7	11	4*	9	13	4	10	14
恒隆集团	3*	7	10	3*	4	7	2	6	8
信和地产▲	0	8*	8	1*	3	4	2	4	6
鹰君集团	5*	3	8	7*	2	9	7	5	12
华光地产#	4*	5	9#	N.A.	N.A.	N.A.	N.A.	N.A.	N.A.
大昌集团	1*	6	7	2*	2	4	2	5	7

* 其中一位董事为主席。家族成员包括女性成员及姻亲

▲家族的发祥地在新加坡，在港挂牌上市时由非家族成员出任主席一职。1981 年，第二
代的黄志祥来港，加入董事局，但最初并没出任主席一职。

1987 年，企业受母公司华光航业拖累陷入财政危机，最后被债权银行（渣打银行）接
管。创业家长赵多衍及两名儿子（赵世彭及赵世光）被摒出董事局，只有赵世曾一人留
下，主席一职亦改由外号"公司医生"的韦里（W. R. Wyllie）出任。

资料来源：上列公司历年年报。

由于现代家庭的人数（规模）日渐减少，像鹰君集团的罗鹰石般育有 7 名儿子的情况，已不再普遍；就算是像新鸿基地产的郭得胜或华光地产的赵从衍般育有 3 名或以上儿子也比例不高。较普遍的情况是只育有 1—2 名儿子。换言之，董事会内（包括执行董事、非执行董事及独立非执行董事）的家族成员（包括姻亲），就算是两代人加在一起，一般也不太多，像鹰君集团或华光地产般，家族成员的数目多于非家族成员的数目，这种情况其实颇为少见。

家族控制权之本

尤其值得注意的是董事会中就算家族成员数目不多，决策权仍紧紧地抓在家族成员手中。即使创业家长被公认为十分开明的人士，他们仍视家族控制为核心。对于欧美所强调的"所有权与经营权分离"，或是强调高度透明的"公司治理"，他们很多时候均不肯全面采纳，不加重视。针对这些问题，身为鹰君地产第二代领导的罗嘉瑞，在接受笔者访谈时这样回应：

> 家族企业给很多人带来误解，外人常以为家族企业的 corporate governance（公司治理）不好。但事实上，我认为家族（企业）反而是较好的。为什么呢？因为我在家族企业内（工作），那些不参与企业的兄弟会"看实"（监督）我，例如

我不能随便加薪，拿多些期权或其他东西，（那样）也是不行的，所以我的薪金远比其他同等的员工低。因为家族成员希望你不谈金钱利益，而是应忠于家族，能够让你做（那个职位）已经很好的了。像我和很多家族企业，你不用担心家族成员管理人的薪金会乱来的，在家族中自有人监察。当然也有很少数的例子，但只是很少数。所以 corporate governance（公司治理）方面是很清楚的，除非整个董事会一齐造假，但这并不容易。

细心查看董事会内非家族成员的背景，我们便会发现，他们一般均属专业人士，并以会计师、审计师或律师为主，也有部分政界人士（如立法会议员，退休政府高级官员）、银行及金融界精英，甚至有外资洋行大班。表 9-3 列出 1972 年、1992 年及 2012 年这十家企业的会计师行、审计师行及律师行的资料，让人看到这些专业机构的代表人物（一般为合伙人），大部分会出现在相关企业的董事会内。以胡关李罗律师行的李业广为例，他分别出任新鸿基地产、长江实业、恒基兆业发展及合和实业等多家大型企业的董事会成员。胡宝星、关文伟等亦属当时社会深受企业领军人欢迎的专才，所以同样出任多家上市企业的董事。

表 9-3 还反映出另外两项不容忽视的发展特点。

一是 1972 年，不论是会计师行或律师行，其规模与当时的上市企业一样，相对较小。随着上市公司的不断壮大，收购、合并时为他们带来了大量生意，令其规模亦不断壮大，具体情况则可反映

表 9-3　十家香港上市家族企业主要往来会计行／审计师行及律师行

（1972 年、1992 年及 2012 年）

企业名称	1972 年		1992 年		2012 年	
	会计／审计师行	律师行	会计／审计师行	律师行	会计／审计师行	律师行
新鸿基地产	关文伟	胡关、李业广罗志能	关黄陈方	胡关李罗、孖士打	德勒·关黄陈方	胡关李罗、孖士打
长江实业	关文伟	李业广罗志能	关黄陈方	胡关李罗	罗兵咸永道	胡关李罗、高李叶
新世界发展	罗兵咸、屈洪畴	孖士打、翁余阮	罗兵咸、屈洪畴	翁余阮、胡关李罗	罗兵咸永道、屈洪畴	胡关李罗、罗文锦
恒基兆业地产	关文伟	胡关李罗	毕马威	罗文锦、胡关李罗	毕马威	胡关李罗
合和实业	关文伟	的近、胡关	关黄陈方	胡关李罗	德勒·关黄陈方	
恒隆集团	毕马威	的近、胡关	毕马威	N.A.*	毕马威	N.A.*
信和地产	彬卢	N.A.*	关黄陈方	胡关李罗、孖士打	德勒·关黄陈方	胡关李罗、高伟绅
鹰君集团	关文伟	孖士打	关黄、陈方	孖士打、夏炳辰	德勒·关黄陈方	孖士打、高伟绅
华光地产	罗兵威	的近	N.A.	N.A.	N.A.	N.A.
大昌集团	关文伟	唐天燊#	罗兵咸	N.A.*	罗兵咸永道	N.A.*

* 年报中没披露此资料

* 部分地产商在同一年度聘用多于两家的律师行，此表只罗列年报上前两家律师行。

唐天燊于 1972 年出任董事一职。

资料来源：上列公司历年年报。

在这些会计师行及律师行名称的转变之上。举例说，原来的关文伟会计师行，后来变成了关黄陈方会计师行；原来的胡关律师行及李业广罗志能律师行，后来则变成了胡关李罗律师行。

二是这些华资企业上市前后不一定只聘用华资专业机构，而是华洋并用，视实际需要而定，而这些外资专业大行同样因为本地股票市场的日趋成熟而经历了不断合并的过程。举例说，原来的毕马威－麦克林托克会计师事务所（Peat, Marwick, Mitchell & Company），日后变成了毕马威会计师事务所（KMPG）；原来的罗兵咸会计师事务所（Lowe, Bingham & Mathews），中文名称后来虽没改变，但英文名称则已大变，为 Price Waterhouse Coopers。至于他们的实力，亦与本地华资企业的不断拓展与香港股票市场的日渐成熟一样，亦步亦趋。

可以这样说，那些来头不小的商业及社会精英，加入华资上市企业后，虽然各有不同的背景，甚至可能存在一定的利益重叠，但却肯定有助提升公司治理。一方面因为他们的专业才干，另一方面则因他们一般不会（也不愿意）成为上市企业的傀儡，或是为其涂脂抹粉，影响本身的名声，甚至危害他们所代表企业的利益。即是说，有了家族以外的成员加入董事会，加上一系列监察上市公司的法规，无论在行政管理、财务安排、业绩考核等层面上，家族企业在上市之后，自然出现了巨大的改革，既让企业更为规范化与国际社会接轨，亦可提升企业的综合效率，增强企业的竞争力。

也就是说，只要企业能广开空间，给予所有人均等的工作表现机会，非家族的高学历和专业人士，其实乐意为家族企业所用，殚智竭力。问题只出于家族企业领导人能否胸怀宽广、目光远大，能够吸纳社会精英为企业所用，并进一步让他们委身卖力，提升企业的人才存量，助其打天下，这无疑极为重要，并可为企业发展带来突破。

构建命运共同体

当然，我们同时必须承认，在以家为本、重视血脉的华人社会，要实行管理权与控股权的分家，现阶段而言实在难度极大——但长远而言则必须有这种胸怀和视野，走上这一道路，才能让华人家族企业迸发出更强更大的力量。即便管理层只是局部开放，家族企业领导人也可以清楚地看到，当吸纳了非家族人士之后，所带来的发展力量，便已经非常巨大了。因此我们不难预见，企业如果可以改进吸纳精英后的管理，例如针对西方社会出现委任的非家族专业管理精英较着眼于企业短期利益，尤其重视个人任期绩效高低与获得分红的多寡问题，作出适合本土文化的改良，如参考清朝时期山西票号商人采取东家与掌柜各有分工，同时又结成命运共同体，注重共荣共辱，而非着眼短期利益的做法，则肯定可以为企业带来更为强大的发展动力。

事实上，晋商东家与掌柜结成命运共同体的方法，说明现代西方社会所提倡的控股权与管理权分家，华人社会在这方面的尝试和努力，脚步其实不比西方慢，并曾取得突出的成绩。当然，由于改朝易代，社会体制及司法体系的未能配合，晋商的开疆辟土和制度创新显得昙花一现，至于他们的故事谈论或关注者并不多。可是，晋商留下的东家与掌柜各有分工，并能结成命运共同体的公司治理和发展模式，无可否认地较西方的模式有过之而无不及，很值得近百年后的我们认真学习和吸收，也对当前西方管理制度有很大参考作用。

家族企业规范化的路径

在武侠小说中，我们常常听到世外高人除了武功高强，在面对敌人攻击时，总是能够连消带打，在化解敌人进攻的威胁时，利用其攻击力量转为本身的进击力，然后还施敌人之身，令自己能够轻松取胜、击败敌人。无巧不成书，在金融市场，投资高手总是那些能够将"他人的钱"为己所用，做出明智投资，从而发财致富，书写家族传奇的人。至于最能说明后者的情况，尤其能够让其一展所长的，则是资本主义划时代的制度创新——股票市场。

如果从家族企业如何能够超越的角度看，股票市场的引入和成熟发展，让家族企业能够顺利上市，无疑最能令之在"从私到公"和下放管理权以尽揽精英两方面取得重大突破。成熟、健全和开放的股票市场，实在是家族企业由特殊主义走向普世主义，从而可以取得突破，并可以踏上超越之路的极关键一环。因为股票市场不但为上市企业和社会提供投资和融资的重要渠道，令企业可以有强大资本力量的支持，发展得以一日千里，同时亦令民间资金（尤其储蓄，即资本供应）和企业资金（即资本需求）之间可以找到对接口——既将民间资金高效地用于投资建设，同时又可成为企业的小股东，分享投资成果。这样便令大众和企业之间建立起极重要的资本供需关系，即社会大众能够与经济的前进和发展命运紧紧地结合在一起，形成利益福祸的命运共同体。

更为重要的是股票市场可以成为企业"规范化"或是走上超越之路的极重要平台，促使企业发生巨大蜕变。这需从股票市场在法律及操作上所赋予的角色或功能说起。形象地说，股票市场可以看作是"教育"或者"培训"企业的"正规学校"，企业上市即如企业进入这家"学校"接受正规而严格的训练或教育。我们可以想象，当企业进入"学校"后，必须学习统一的行为习惯，接受相同的考核标准，不能一如过去在"家"时的身份或学习情况一样，得到特殊照顾，享有与别人不同的待遇。所以上市企业必须遵守公开透明且统一的财务守则，公司治理必须符合政府严格的规定（例如有一定数量的非家族执行与非执行董事），不容许内幕交易等，令企业可以从中学习不少"知识"，从而提高治理水平，所以能在"从私到公"及下放管理权以招揽精英方面有所突破。

相比之下，非上市家族企业，就像是在家中接受教育，或是进入非正规教育单位（例如私塾或私人补习班等）接受教育一般。他们的学习，虽然亦可吸收知识，学习待人接物之道，但因不受教育部门的严格规定，没有统一的教学标准，所以存在不少诸如教学水平参差、课程设计并不统一，以及师资素质良莠不齐等问题，其学历自然难以得到社会承认，这导致未上市企业无论财务、管理乃至员工聘用等，均不如上市企业般因接受政府及公众严格监察所打造出来的品牌，这是非上市企业形象没有上市企业高的原因所在。

我们从这个角度可以十分清楚地看到，成熟的股票市场可以连消带打地为企业发展带来一系列重大突破和超越。即是说，这个制度建设，既可为企业注入更为强大的、源源不绝的资金动力，同时又改变了公司治理模式，可以成为吸纳非家族专业人才的磁力场，提升人才存量，提升公司治理透明度和公信力，摆脱企业以家为本、血脉至上的形象，为推动其上一台阶作出极为重要的贡献。

回到本文探讨的核心问题上，我们可以扼要地说，企业上市之后，当资本的性质与来源发生变化后，企业实现"从私到公"形象大变，因而会令企业的结构、规模与形式随之转变，同时亦有助其吸纳非家族的人才和精英。也就是说，家族企业的规模可以是很大的，管理可以是很专业化的，人事安排亦可以是用人唯才的，最决定性的因素取决于资本市场的成熟与开放程度。20 世纪 70 年代之前，由于香港股票市场并不完全开放，上市门槛极高，华资企业极难取得上市资格，因而难以获取公众资本，支持较大规模或投资期较长的项目，窒碍了企业的发展，这正是早期华资企业就算家族财力极为雄厚（如李升家族、何东家族、莫藻泉家族、周少歧家族等），亦难以摆脱只能依附于英资企业身上的一个重要原因。

与 20 世纪 70 年代前的华资企业一般只能依靠个人（家族）财力作支撑，或是单靠家族成员的人力所支持，香港股市全面开放无疑为一众华资企业提供了极为重要的发展环境，获得了公众资本的支持，为开疆辟土创造有利条件。随着企业实力的日渐壮大，加上熟悉金融市场的运作，某些表现突出的华资企业，甚至可利用股票市场这个现代化的金融工具，以"四两拨千斤"的金融策略，收购或吞并原本高不可攀的英资洋行，然后走出香港、进军国际，将本来只是中小规模的企业打造成跨国集团，与欧美众多跨国集团一较高下，书写了现代华资企业在香港的传奇。其中专业人才成为推动华资企业走向国际舞台的骨干。

进一步说，如果中国内地的股票市场，能让家族企业可以在没有特殊阻碍之下上市，那么他们必然更能在股票市场的洗礼下，在接受股市如"学校"般的规范化"教育"或"培训"之后，强化公司治理，吸纳人才，提升竞争力，建立起更为公开、透明与专业化的企业形象，带来前所未见的突破与超越，为华人家族走上新台阶作出极为巨大的贡献。

本章结语

我们常说，世家大族就如皇朝，所以学术界有"王朝家族"

（Dynastic families）之说。一个皇朝的兴起和发展，自有其天时地利人和的综合优势，但如何能够历久不衰、世代相传，甚至长存不朽，则需更多内外条件的配合，尤其是无数深思熟虑的制度安排与设计作为支撑，难以一蹴而就，或是单靠一时幸运。通过前文的分析可看到，若能利用企业上市的机制和通过吸纳的社会精英承担全权管理企业的任务，家族企业的发展显然可以豁然开朗，跨越障碍，有更为宽广和美好的未来。概括地说，尽管将家族企业上市会摊薄家族控股权，但在现代商业社会，由于规模巨大的企业，单一股东的控股权已非如中小型企业般需要拥有过半数的控股权，上市后家族的控股权虽然会被摊薄，但实际上不会动摇原来控股家族的主导地位，所以企业上市不应被视作是一种威胁，而是退一步的海阔天空。

从目前企业运作情况看，控股权与管理权分家明显存在一定缺陷和问题，尤其容易在华人社会引起深层次的忧虑和猜忌，我们不应视而不见，甚至低估其对家族的威胁。但我们不能因噎废食，窒碍家族企业的进一步发展，而应针对其缺陷和不足之处作出调校，去芜存菁，择优而用。至于开放管理大门，招揽并吸纳非家族精英，为企业所用，然后让他们在企业内得到尽展所长的机会和空间，与企业之间形成利益和命运共同体的关系，则可谓最为关键。

尽管因为历史和文化的缘故，要华人家族企业立刻实行全面的控股权和管理权分家，仍属难以跨越的障碍，但我们相信，在作出传统与现代的调适之后（例如吸纳早年晋商的制度安排），加上股票市场不断走向成熟，华人家族企业治理必然能有更大突破。一句话，无论是企业的"从私到公"，或是下放管理权力以招揽精英，都能发挥出巨大力量，而这正是华人家族企业未来能否走向真正超越之路的关键。让我们拭目以待！

图书在版编目（CIP）数据

关键抉择：华人家族企业的发展路径／郑宏泰，高皓 著 . —北京：
　东方出版社，2021.1
ISBN 978 - 7 - 5207 - 1739 - 7

I. ①关… II. ①郑…②高… III. ①华人 – 家族企业 – 企业发展 –
　研究 – 世界 IV. ① F279.16
中国版本图书馆 CIP 数据核字（2020）第 219614 号

国新出审 ［2019］390 号

关键抉择：华人家族企业的发展路径
GUANJIAN JUEZE HUAREN JIAZU QIYE DE FAZHAN LUJING

作　　者：郑宏泰　高　皓
责任编辑：池　溢
特约编辑：黄少博
装帧设计：胡欣欣
责任校对：梁　悦
出　　版：东方出版社
发　　行：人民东方出版传媒有限公司
地　　址：北京市西城区北三环中路6号
邮　　编：100007
印　　刷：北京盛通印刷股份有限公司
版　　次：2021年1月第1版
印　　次：2021年1月北京第1次印刷
印　　张：20.25
字　　数：216千字
书　　号：ISBN 978–7–5207–1739–7
定　　价：59.00元
发行电话：（010）85924663　85924644　85924641